D1750114

VERLAG ANTJE
KUNSTMANN

HANS DEMMEL

ANDERSWELT

Ein Selbstversuch mit rechten Medien,
begleitet von Friedrich Küppersbusch

VERLAG ANTJE KUNSTMANN

INHALT

RISIKEN UND NEBENWIRKUNGEN
Ein Selbstversuch in der Welt alternativer Medien 7

VERSCHWÖRUNGSTHEORETIKER UND DIE MITTE DER GESELLSCHAFT FINDEN ZUEINANDER
Erstes vorsichtiges Herantasten 15
Nur nette Menschen auf den Berliner Straßen 22
Die kurzen Wege in die Tiefen der Anderswelt 26
Der Tag danach 31
Erste Zweifel 34
Absurde Theorien verkaufen sich 40
Deutschlands bekanntester Verschwörungstheoretiker 45
Die Bedrohung durch das Fremde 52
Opposition als Grundprinzip 55

DIE REALITÄT WIRD AUSGEBLENDET, WENN SIE NICHT INS DENKEN PASST
Das angebliche Ende der Meinungsfreiheit 59
Donald Trump aus der Sicht der Anderswelt 64
Journalismus à la AfD 67
Meister der Selbstinszenierung 73
Trump forever 78
Der Fall George Floyd anders betrachtet 81
Nachwuchsautoren zur US-Wahl 84
Der Tag der US-Wahl 87
Die Anderswelt feiert Bidens Niederlage 95

Deutschland hat eine neue Wochenzeitung   101
Trumps Niederlage wird weiter angezweifelt   108
Das angebliche »Ermächtigungsgesetz«   113
Halbzeit in der Anderswelt   123
Jana aus Kassel   129
Höcke live   132
Wenig Fakten, wilde Storys   134
Lockdown verschärft, der Ton wird rauer   139
Grenzen verschwimmen   144
Eine Exklusivmeldung aus der Anderswelt   147

ZWEIERLEI MASS – DAS PRINZIP
DER ANDERSWELT

Flucht und Migration. Wo die Verunsicherung der Mitte begonnen hat   155
Wer und was ist die Lügenpresse?   159
Verirrt in der Anderswelt   161
Feindbild Flüchtling   169
Die NPD am Kiosk   175
Migranten werden nur negativ dargestellt   179
Der Sturm aufs Kapitol wird geschrumpft   183
Die letzten Tage in der Anderswelt   190

WAS IST DA MIT MIR PASSIERT?

Ist die Anderswelt eine Alternative, vielleicht die bessere?   197

NACHWORT   201
DANK   205
QUELLENVERZEICHNIS   207

Prolog

RISIKEN UND NEBENWIRKUNGEN

EIN SELBSTVERSUCH IN DER WELT ALTERNATIVER MEDIEN

Schlecht geschlafen, wirr geträumt. Um halb vier Uhr früh aufgestanden. Gelesen. Ich frage mich, was ich mir da vorgenommen habe: heute also ist der Tag, an dem aus einer spielerischen Idee Ernst werden soll. Und ich frage mich, ob das wirklich eine gute Idee war?

Bei den ersten Anti-Corona-Demonstrationen in den vergangenen Wochen war immer wieder ein Stichwort deutlich zu hören, das mich seit Jahren bewegt: Lügenpresse. Und es sind nicht so sehr die lauten Pegida-Schreier in Dresden und anderswo, die Sorgen machen, es sind die vielen, leisen Zweifler. Diejenigen, die dem Medien-Mainstream immer mehr misstrauen. Diejenigen, die im Internet ihr Informationsheil suchen, die googeln und recherchieren verwechseln, diejenigen, die nur noch das glauben wollen, was die eigene Meinung, das eigene Vorurteil bestätigt.

Langsam fräst sich so fremdenfeindliches, antidemokratisches Gedankengut in alle Gesellschaftsgruppen, unabhängig vom sozialen Status. Die Medien, die dies befeuern, geben oder besser nennen sich mal liberal-konservativ, mal offen rechts.

Es sind zum Teil bekannte Journalisten aus dem Mainstream, die sich in den letzten Jahren radikalisiert haben. Namhafte und früher zu Recht geschätzte Kollegen wie Roland Tichy, Matthias

Matussek, Boris Reitschuster oder Ken Jebsen. In unterschiedlicher Intensität, aber unüberhörbar. Mich verunsichert dies schon länger und ich frage mich, welche Motivation dahintersteht.

Während die Auflagen fast aller etablierter Printmedien fallen, melden Compact und Co deutliche Zuwächse. Was genau ist in diesen Publikationen zu lesen? Wohin führt der Weg Leser, User, Zuschauer, wenn sie sich ausschließlich in diesen sogenannten alternativen Medien informieren?

Um dies herauszufinden, werde ich mich über ein knappes halbes Jahr hinweg aus meinem gewohnten Nachrichtenumfeld ausklinken. Also kein Spiegel, keine Zeit, keine FAZ, keine Süddeutsche Zeitung, kein Deutschlandfunk, kein n-tv, keine Tagesschau, keine sonstigen Nachrichten im Fernsehen und im Internet. Im selben zeitlichen Umfang wie sonst auch werde ich mir meine Nachrichten aus »alternativen Quellen« holen.

Es ist jetzt Ende August. Die Diskussion um Corona nimmt an Aggressivität zu, die US-Wahlen stehen bevor, das Dauerthema Migration wird voraussichtlich gerade in diesen sogenannten alternativen Medien auch weiter eine zentrale Rolle spielen. Der Plan ist relativ simpel: Tagebuch führen und hinschauen, wo es wahrscheinlich wehtut.

Mehr als vierzig Jahre habe ich in unterschiedlichen Funktionen im »Medien-Mainstream« gearbeitet und gelebt. Volontariat beim heimischen Lokalblatt in Oberbayern. Gute zehn Jahre als Reporter in München, in Diensten des öffentlich-rechtlichen Fernsehens. Reporter, Korrespondent, Magazin-Chef, Chefredakteur dann im privaten Fernsehen, und schließlich zwölf Jahre als Geschäftsführer eines Nachrichtensenders. Themen vom Trachtenumzug am Chiemsee bis zum Trump'schen Wahlkampf, von Tschernobyl bis Fukushima, vom Sommermärchen bis 9/11, von FJS bis NYSE.

Nach langer Erfahrung sollte ich gestählt sein für diesen Selbstversuch, für diese Reise ins Dunkel der deutschen Medienlandschaft. Angst vor dem, was mich erwartet und was die Lektüre bei mir auslöst, habe ich dennoch. Diese Angst soll mir ein Begleiter auf dieser Reise nehmen.

Friedrich Küppersbusch, mein langjähriger Freund und Kollege wird mir für die nächsten knapp sechs Monate auf die Finger und in den Kopf schauen. Wie wird sich mein Kenntnisstand des öffentlichen Geschehens von dem des durchschnittlichen Nachrichtenkonsumenten unterscheiden? Wird, und wenn, wie wird sich meine Wahrnehmung verändern? Friedrich Küppersbusch soll die notwendigen Einschübe liefern, die Fakten einordnen und so helfen, Differenz und Desinformation deutlich zu machen. Und er soll mir, sollte es so weit kommen, den Aluhut vom Kopf reißen.

Im Wesentlichen wird meine Lektüre auf Websites stattfinden, doch auch Gedrucktes und Videos, vornehmlich auf YouTube, gehören dazu. Es sind fünf Publikationen, denen ich regelmäßig folgen will, aber ich werde auch den Algorithmus-Empfehlungen folgen und Seitenwege einschlagen. Und, das sei vorab verraten: Es werden sich »Preziosen« finden wie ein fast einstündiges, bewundernd-unterwürfiges Interview von Frau von Storch mit Steve Bannon, dem weltweit wohl einflussreichsten aller rechten Publizisten.[1] Und ich werde zwanzigjährige Nachwuchsautoren kennenlernen, die voller Überzeugung für ihre Version eines neuen Deutschland brennen, und ich werde lesen müssen, wie ein Ex-Kulturchef des Spiegel eine Ikone der Identitären Bewegung hochjubelt: Brittany Sellner-Pettibone, die Frau von Martin Sellner.

Am nächsten noch am bürgerlichen Rand scheint Tichys Einblick zu stehen.[2] TE startete 2014 als Ein-Mann-Blog und erscheint seit 2016 auch in gedruckter Form. Es ist, so Roland Tichy, der Kopf dahinter, »das Magazin für alle, die die Nase voll haben vom bevormundenden Mainstream-Journalismus«.³ Das, so der herausgebende Finanzenverlag, »Monatsmagazin für die liberal-konservative Elite« hat nach offiziellen Verlagsangaben eine gedruckte Auflage von 37.000 Exemplaren. Die Website wird laut Eigenangabe Monat für Monat von 650.000 Lesern genutzt. Seit sechs Jahren nutzt Tichy sein Know-how als früherer Chefredakteur bei den Wirtschaftsmagazinen Impulse, €uro und WirtschaftsWoche für seine eigenständigen Aktivitäten. Bei ihm werden Politiker wie Thilo Sarrazin und Hans-Georg Maaßen nahezu kritiklos hochgejubelt. So trifft er anscheinend den Lesegeschmack einer verunsicherten, migrations- und europaskeptischen Leserschaft. Damit hat er ein multimediales Medienangebot geschaffen. Offenbar ein wirtschaftliches Erfolgsmodell.

Auch Michael Mross, Kopf und Hauptautor der MMnews, ist ein ehemals bekannter Wirtschaftsjournalist. ⁴ Er setzt bei seinen MMnews auf ein offenbar unzufriedenes, zumindest finanziell gehobenes Bürgertum. MMnews startete er schon 2008. Die Website ist von allen Medien aus diesem Gesinnungs-Dunstkreis die mit dem umfangreichsten Angebot an aktuellen News. Der Schwerpunkt liegt auf den Rubriken Wirtschaft und Börse, inklusive aktueller Ticker-Meldungen. Daneben bietet Mross gegen Bezahlung einen Börsenbrief an, der regelmäßig dreistellige Aktiengewinne in Aussicht stellt. Die Trennlinien zu klassisch-konservativen Medien sind auch bei den MMnews nicht auf den ersten Blick erkennbar. Bei genauerem Hinsehen ist es ein ähnliches Geschäftsmodell wie bei Tichy, vordergründig wirtschaftsnah, bei genauerem Hinsehen jedoch durchsetzt mit radikaler Kommentierung. Offizielle Zahlen zur Reichweite nennt Mross nicht. Der Stern ist schon 2016 deutlich in seiner Beschreibung der Publikation: Mross wettere auf seinem Portal gegen die EZB und die »Medienhuren«. Außerdem gegen nahezu alle, die »behaupten, es gebe einen Klimawandel.«[5]

KenFM war ursprünglich der Titel einer vierstündigen Hörfunksendung bei Radio Fritz unter dem Dach des öffentlich-rechtlichen RBB, ausgestrahlt in den Jahren 2001 bis 2011. Moderiert wurde die Sendung von Kayvan Soufi Siavash, der für sich den Künstlernamen Ken Jebsen wählte. Die Rechte am Titel behielt Jebsen nach einer spektakulären Trennung vom RBB. Die aktuellen Inhalte der Website[6] und des Kanals werden gemeinhin von Journalisten und Wissenschaftlern als verschwörungstheoretisch eingeordnet. Nur ein kurzer Blick in den YouTube-Kanal belegt dies. Das Spektrum reicht von einem Aufruf zur »Stiftung Aufarbeitung der Verbrechen des Corona-Schreckensregimes« bis zu »Es war kein Mordanschlag von Putin«. Sein bislang erfolgreichstes Video wurde im Mai 2020 hochgeladen. Eine Breitseite gegen Bill und Melinda Gates. Jebsen wirft deren Stiftung vor, die Corona-Pandemie ausgelöst zu haben, um über ein anschließendes Impf-Programm die Weltherrschaft an sich zu reißen. Mit deutlich mehr als drei Millionen gingen die Abrufe durch die Decke, auch wenn nach Faktenchecks alle Kernaussagen falsch waren.[7] Jebsens Youtube-Kanal wird Ende Januar abgeschaltet werden, weil er mehrfach die »Community-Regeln« des Netzwerks verletzt hat. Er weicht aus auf Telegram, einen Instant-Messaging-Dienst, der ursprünglich in Dubai entwickelt wurde, auf dessen Homepage aber kein Impressum oder ein Hinweis darauf zu finden ist.[8]

Das Eigenverständnis von Compact findet sich auf der Website klar umrissen: »Lesen, was andere nicht schreiben dürfen. Für alle, die Mut zur Wahrheit haben, ist Compact das scharfe Schwert gegen die Propaganda des Imperiums. Eine Waffe namens Wissen, geschmiedet aus Erz wirtschaftlicher und geistiger Unabhängigkeit.«[9] Auf dem Höhepunkt der Flüchtlingskrise verkaufte sich das Heft laut Spiegel Online 85.000 Mal, derzeit sind es etwa 40.000 Exemplare.[10] Der starke Mann hinter Compact ist der ehemals ausgewiesen linke Journalist Jürgen Elsässer, der als Autor und Redakteur für Arbeiterkampf, konkret und Neues Deutschland gearbeitet hat. Mitte der Nullerjahre wandte er sich immer mehr dem Rechtspopulismus und dem Rechtsextremismus zu. Elsässer, der auch bei mehreren Pegida-Mahnwachen in Dresden als Redner auftrat, hat Compact bewusst zum Sprachrohr des radikalen Flügels der AfD entwickelt.

Das schließlich letzte Medium, das regelmäßig verfolgt werden soll, ist die Junge Freiheit, führenden Politikwissenschaftlern wie Gideon Botsch oder Hajo Funke zufolge das Sprachrohr der Neuen Rechten. Dem heutigen Wochenblatt geht eine vom aktuellen Chefredakteur Dieter Stein 1986 gegründete Schüler- und Studentenzeitung voraus. 1990 dann gründen zehn Autoren und Redakteure die »Junge Freiheit Verlag GmbH«. In den letzten zwölf Jahren ist die Auflage des Blattes stetig gestiegen. Von verschwindend kleinen 4.500 Exemplaren 2008 auf aktuell 31.000. Laut Eigenwerbung in einem PR-Video füllt die JF »eine gravierende Lücke im veröffentlichten Meinungsspektrum. Mit Informationen, Perspektiven und Hintergründen, die andere meistens ausblenden.«[11] Die sanft-säuselnde Stimme im Video dann weiter: »Die Junge Freiheit ist wirklich unabhängig und bewahrt sich so die Freiheit, brisante Themen ohne political correctness zu behandeln.« In der heute, zu Beginn meines Versuchs, aktuellen Ausgabe Nummer 36/20 sind dies eine Eigenumfrage zu Corona, die zu dem Schluss kommt, das Land sei gespalten, ein »Zwischenbilanz« genanntes Interview mit einer »Flüchtlingshelferin«, Tenor: die deutsche Flüchtlingspolitik sei gescheitert.[12]

Dazu findet sich eine hymnische Buchbesprechung eines Titels namens »Corona-Alarm« der »Wissenschaftler Sucharit Bhakdi und Karina Reiss«. Dem Buchtitel werde ich in den nächsten Wochen mehrfach wiederbegegnen.

Diese fünf Publikationen, Tichys Einblick, MMnews, KenFM, Junge Freiheit und Compact, wurden ausgewählt, weil sie am bekanntesten und am stärksten verbreitet sind. Sie decken beispielgebend das Spektrum vom sich liberal gebenden seriös wirkenden Angebot wie Tichys Einblick über verworrene Verschwörungstheorien bei Jebsen bis zum unverhohlenen Rechtsradikalismus bei Compact ab.

Was sie eint: Alle verstehen und verkaufen sich als Alternative zu den von ihnen so genannten »System-Medien« und reklamieren, im Besitz der einzigen Wahrheit zu sein. Der Wahrheit, der sich die »Lügenpresse«, wie sie ständig betonen, verweigert.

Der Beobachtungszeitraum endet in den letzten Januartagen 2021, der Stand der Recherche ist vom 31. März 2021.

Die Wege vom liberal-konservativen Report hin zu den absurdesten Verschwörungstheorien sind kurz. Am letzten Wochenende im August 2020 kreuzen sie sich in Berlin auf den Straßen rund um den Reichstag.

I

VERSCHWÖRUNGSTHEORETIKER UND DIE MITTE DER GESELLSCHAFT FINDEN ZUEINANDER

ERSTES VORSICHTIGES HERANTASTEN

Es ist Freitag früh, der 28. August 2020. Ein trüber Spätsommermorgen und Tag eins meines Selbstversuchs. Für das bevorstehende Wochenende sind in Berlin Großdemonstrationen angekündigt. Vor drei Wochen schon haben nach Polizeiangaben zwischen 15.000 und 20.000 Menschen in Berlin gegen die Anti-Corona-Maßnahmen von Bund und Ländern demonstriert. Offiziellen Angaben zufolge. Von den Organisatoren und den sie unterstützenden, meist rechten Medien werden diese Zahlen aggressiv bestritten. Sie wollen in etwa eine Million Menschen gezählt haben.

Gestern Abend habe ich mich noch einmal bei den von rechts so genannten System-Medien informiert. Dieser Begriff der System-Presse stammt aus einer Zeit, als es Medien in der heutigen Vielfalt von Verbreitungsformen noch nicht gab und Informationsvermittlung und politische Kommentierung fast ausschließlich in Zeitungen stattfand. Das Radio wurde zwar für die NS-Propaganda immer wichtiger, stand aber seit der ersten Sendung im Oktober 1923 unter staatlicher Kontrolle. Der Begriff der System-Presse entstand 1933, wie Cornelia Schmitz-Berning in ihrem Buch »Vokabular des Nationalsozialismus« festhält.[1] Er war fester Bestandteil des offiziellen Sprachgebrauchs der Nazis.»Am 8. 4. 1933 verkündete Goebbels vor dem SA-Appell: ›Wir dürfen heute mit stolzem Selbstbewusstsein sagen, dass an unserer Kraft das System zerbrochen ist.‹ Zu System, verächtlich für die Weimarer Republik benutzt, gebildete Komposita sind Systembeamte, Systembonzen, Systempresse.«

Eines der großen Themen an diesem Tag ist in eben all diesen »System-Medien« die Entscheidung des Berliner Innensenators Andreas Geisel, die für das Wochenende geplante »Anti-Corona-Demonstration« zu verbieten. Sein Argument: der Infektionsschutz sei nicht gewährleistet. Zeitgleich hat die Kanzlerin die Ministerpräsidenten für den heutigen Tag geladen, um einheitlichere Anti- Corona-Maßnahmen zu verabreden. Mit mehr oder weniger Erfolg. So will Sachsen-Anhalts Ministerpräsident Haseloff nichts von Strafen gegen Maskensünder wissen. Auch Außenminister Maas hat seine Kollegen aus den anderen EU-Staaten eingeladen, um eine gemeinsame Strategie zu den Demokratiebestrebungen in Belarus zu erarbeiten. Auch mit mehr oder weniger Erfolg. Nikos Dendias, der griechische Außenminister, hat sein Veto angedroht, sollte Belarus sanktioniert werden und nicht gleichzeitig auch die Türkei wegen deren Vorpreschens im Kampf um das Erdgas im Mittelmeer. Und dann noch ein Blick nach Milwaukee, wo die Basketball-Stars der Milwaukee Bucks den Ball niedergelegt haben, um so gegen den Rassismus in ihrem Land zu demonstrieren.

Nichts davon wird sich in der von mir verfolgten alternativen Presse wiederfinden, nicht einmal in Spurenelementen.

Freitag früh gehe ich zum Bahnhof. An den Kiosk oder die Tankstelle, wo mich ein Nachbar sehen könnte, habe ich mich nicht getraut, erkannt zu werden wäre mir dann doch peinlich. Schlimmer wäre es noch, wenn mir jemand aus meinem gutbürgerlichen Wohnumfeld auf die Schulter hauen würde:»Freut mich, dass du einer von uns bist.« Das würde ich nicht hören wollen. Am Bahnhof muss ich mich erst einmal nach Tichys Einblick erkundigen. Es liegt ein bisschen versteckt in einer Ecke. Gleich daneben, in räumlicher und inhaltlicher Nähe, die Junge Freiheit und daneben wiederum ein Heft, das mir bisher nicht bekannt war:»Zuerst! Deutsches Nachrichtenmagazin« mit dem Titelthema»Gibt es Rassismus in Deutschland? Angriff auf die weiße Welt«. Beim Überfliegen des Inhaltsverzeichnisses schaudert es mich:»Gute, alte Zeit, als in Europa weiße Völker in weitgehend ritterlicher Weise gegeneinander fochten«,»Wird Wien zum Babylon? Die Bevölkerung mit Migrationshintergrund ist auf bestem Weg, die gebürtigen Österreicher zu überflügeln«. Auf Seite fünf lese ich beim Durchblättern:»Doppelt so viel Geld für Auschwitz«. Außenminister Maas hat der Meldung zufolge bei einem Besuch in Polen zugesagt, die Summe für die Stiftung Auschwitz-Birkenau von 60 auf 120 Millionen zu erhöhen.»Der deutsche Steuerzahler kann sich gerade in Krisenzeiten darauf verlassen, dass die Politik die ihr zur Verfügung gestellten Mittel nur für die absolut wichtigsten und notwendigsten Zwecke ausgibt.«[2]

Ein erstes Fundstück, ein erster Abzweig vom gemäßigt scheinenden in den radikalen rechten Weg.

Das gedruckte Compact-Magazin ist hier am Kölner Bahnhofskiosk hinter einem vorgeschobenen Miniregal nur schwer zu finden. Seit Publikation und Verlag vom Verfassungsschutz beobachtet werden, wird es in manchen Zeitungskiosken gar nicht mehr angeboten.

Im Netz dann langsames Warmlaufen bei Tichys Einblick. Noch sind die für Samstag geplanten Demos in Berlin verboten, die Entscheidung dafür wird erst in der Nacht zum Samstag vom Oberverwaltungsgericht Berlin-Brandenburg getroffen werden.

Zeit für den ersten Fakteneinschub von Friedrich Küppersbusch:

Demo Genehmigungen
Freitag 13:47 Uhr: Spiegel Online meldet, das Berliner Verwaltungsgericht habe die Verbotsverfügungen der Polizei aufgehoben. Es gebe »keine ausreichenden Anhaltspunkte für eine unmittelbare Gefahr für die öffentliche Sicherheit«. Der Veranstalter habe ein Hygienekonzept vorgelegt. Das Land habe die Auflagen nicht hinreichend geprüft. [3]
Samstag 3:02 Uhr: Tagesspiegel Online berichtet, das Oberverwaltungsgericht Berlin-Brandenburg habe in der Nacht die Eilbeschlüsse des Verwaltungsgerichtes »im Wesentlichen« bestätigt. Schlagzeile: »Demonstrationen gegen Corona-Politik dürfen stattfinden.« [4]

Dazu schreibt Dushan Wegner, Gastautor bei Tichys Einblick: »Berlin verbietet Corona-Demos, liest man im Staatsfunk.« [5] Na ja, im Funk zu lesen ist irgendwie ein bisschen schwierig, und ziemlich verschwurbelt geht es dann auch weiter. Eigentlich nicht nachvollziehbar verbindet Wegner (wie gerne würde ich ihn jetzt googlen, aber das scheint mir gegen die Spielregeln zu verstoßen) das Demonstrationsverbot mit dem »Brüsseler New pact on immigration and asylum« und flicht den von ihm als bekannt vorausgesetzten Roman »Hitchhikers Guide to the Galaxy« ein.

Dushan Wegner
Dushan Wegner, geboren als Dušan Grzeszczyk 1974 in der Tschechoslowakei, kam mit sechs Jahren nach Deutschland. Seiner Amazon-Autorenbeschreibung nach arbeitete er »als Programmierer, als Videojournalist, Politikberater

und Publizist. Er studierte Theologie, dann Philosophie, Medienwissenschaften und Germanistik«, nach Angaben seines Verlages Westend war er »vormals Ausbilder und Redakteur beim Fernsehen ... derzeit Texter und Politikberater. Sein Spezialgebiet ist die systematische Entwicklung von politischen Slogans und Talkingpoints.« [6,7]

Per Anhalter durch die Galaxis
»The Hitchhiker's guide to the Galaxy« ist der Originaltitel der auch in Deutschland bekannten Science-Fiction-Komödie »Per Anhalter durch die Galaxis« von Douglas Adams. Erstveröffentlichung auf BBC Radio4 1978. [8]

Es ist mein erster bewusster Kontakt, mein erster für diesen Versuch gelesener Text. Ihn nachzuvollziehen fällt mir schwer. Ein Zitat vom Anfang: »... in den sozialen Medien liest man den Jubel der Staatsfunker und Gleichgeschalteten, und einem wird nicht-nur-leicht-übel.« Dieser Textteil ist noch halbwegs verständlich, für den Rest braucht es immense Konzentration: »Niemand hat nicht erwartet, dass im Schatten des Virus die ›üblichen Verdächtigen‹ drangehen würden, ihre ohnehin gehegten Ziele zu beschleunigen.« Zumindest mich, den Neuling in der Anderswelt, lässt dies ratlos zurück. Aber: Es gibt klar erkennbare Feindbilder bei Wegner: »Wolfgang ›schwarzer Koffer‹ Schäuble«, den »später an Ischias leidenden Wolfgang Juncker«, die »Chefin Deutschland ist die Jungkommunistin«. Gemeint ist wohl die Bundeskanzlerin.

Der zweite Kontakt: ein Video auf der Homepage von TE: Achim Winter und Roland Tichy am Tisch, ähnlich wie Statler und Waldorf aus der Muppet-Show, aber nicht in der Theaterloge und auch nicht ganz so witzig. [9] Die Geschichte will Satire sein:

Winters wohl fiktiver Freund aus Schwäbisch Gmünd hätte die Reise zur Demo ja schon gebucht, wüsste aber jetzt nicht so recht, was dort anfangen im fernen Berlin, sollte die Demo verboten werden. Tichys Tipps für den Ausflug in die Hauptstadt, in der es anscheinend drunter und drüber geht, versprechen ein unterhaltsames Wochenende. Winters Freund könne ja im Görlitzer Park unter Polizeischutz kiffen, sich am Abend dann Grillanzünder besorgen und straffrei einen Porsche anzünden und so weiter. In Berlin ginge das alles ganz problemlos. Satire? Na ja, ich komme mir beim Zusehen auf YouTube ein bisschen vor wie Fozzie Bär, der nichts versteht und sich nur wundern kann. Achim Winter kommt vom ZDF, und seine Kolumne auf Tichys Einblick verträgt sich offenbar mit seinen öffentlich-rechtlichen Kamera-Auftritten.

Dann lese ich bei Tichys Einblick noch ein Interview mit Dietrich Murswiek, der vorgestellt wird als »anerkannter Verfassungsrechtler, nachdem er bereits auf Bitten des Landtags von Rheinland-Pfalz gutachterlich tätig geworden ist«[10].

Dietrich Murswiek

Deutscher Rechtswissenschaftler, gehörte von 1972 bis 2015 der CDU an und berät seit Mitte der 80er Bundestagsabgeordnete der CDU/CSU-Fraktion in staats- und völkerrechtlichen Fragen. »Bei seiner Berufung an die Universität Freiburg wurde ihm vorgeworfen, dass er in jungen Jahren im Umfeld rechtsextremer Kreise aktiv war.« 2018 verfasste Murswiek im Auftrag der AfD ein Gutachten zu »deren womöglich drohender Beobachtung durch den Verfassungsschutz«[11].

Schon die Frage, die an Murswiek gestellt wird, warum »Blacklivesmatter-Demos anders behandelt« werden, anders als Anti-Corona-Demonstrationen nämlich, verweist darauf, dass diese von staatlichen Autoritäten aus politischen Gründen benachteiligt würden. Auf die Frage »Lassen sich Abstands- und Maskenpflicht bei Demonstrationen überhaupt noch rechtfertigen?« antwortet Murswiek mit der Gegenfrage, ob das Robert Koch-Institut gesicherte Erkenntnisse habe, dass »sich die Massendemonstrationen von BLM oder ... von Gegnern der Coronapolitik ... nachträglich als Hotspots für die Verbreitung des Virus erwiesen haben«.

Auf den ersten Blick, denke ich, ist dies zumindest nicht völlig von der Hand zu weisen. Doch wie wäre eine Nachverfolgung bei nicht registrierten Teilnehmern aus dem gesamten Bundesgebiet überhaupt möglich?

Ich klicke weiter zu Michael Mross, dem Kopf des Online-Konglomerats MMnews. Das Video ist etwa zehn Minuten lang, gedreht direkt vor dem Brandenburger Tor.[12] Selbstsicher, redegewandt. Ein Profi, einer, der das Spiel mit der Kamera beherrscht.

»Berlin! Berlin! Hier spricht Berlin«, jubelt er in einer Großeinstellung. Die Vorfreude ist ihm anzusehen. Er erwartet Großes. Die Schätzung der Polizei, die bei etwa 30.000 zu erwartenden Demonstranten liegt, hält er »für ein bisschen niedrig gegriffen. Ich denke, es werden sicher eine Million sein.«

Zehn Minuten lang spricht er ganz im Stil der von ihm so verachteten Mainstream-Medien in die Kamera. Und interviewt dann Menschen auf der Straße. MoS, men on street, nennt sich das im professionellen, sicherlich nicht mehr ganz politisch korrekten Vokabular. Die Menschen, die er interviewt, kommen sichtlich aus der Mitte der Gesellschaft. So wie das Ehepaar, das aus Brühl bei Köln angereist ist. Beide schätzungsweise um die fünfzig. Gutbürgerlich. Sie sind hier, um »das Grundgesetz zu verteidigen«.

Beide loben die gelöste Stimmung und freuen sich, dass sie keine Masken sehen. Eine Werbe-Einblendung der Neuen Zürcher Zeitung unterbricht die Reportage, dann kommt eine junge Frau zu Wort. Um die dreißig, dezenter Chic. Ihre Empörung merkt man ihr an, es sei ja »wissenschaftlich erwiesen, dass die Masken gesundheitsschädlich sind«. Alle Interviewten sind sympathische, ruhige, nachdenkliche Menschen. Bei Mross tauchen keine Verschwörungstheoretiker auf, keine Neonazis, keine QAnon-Anhänger, wie sie beispielsweise die Berichterstattung von Spiegel TV über die erste Berliner Anti-Corona-Demo vor zwei Wochen geprägt haben.

Das, was ich da sehe, lässt mich über meine nicht wegzuleugnende Voreingenommenheit nachdenken. Geht es wirklich so schnell, Zweifel im Kopf zu säen? Die Sympathie-Werbung für die Protestierenden ist professionell gemacht und leicht durchschaubar. Doch wie wirkt das auf die ohnehin Zweifelnden?

NUR NETTE MENSCHEN AUF DEN BERLINER STRASSEN

Samstag, der 29. August. Der Tag der Demo. Von den Themen, die mir noch vom Donnerstag aus den klassischen Medien her im Gedächtnis geblieben sind, also einheitliche Corona-Regeln, Belarus, US-Wahlkampf und der dortige Rassismus, finde ich in allen von mir verfolgten Medien nichts.

Die Berliner Demonstration überstrahlt alles: »Wir hier unten, ihr da oben« zieht sich als Grundgedanke durch alle Artikel, alle Videos. Der Tag heute, Tag zwei meiner Reise in die Anderswelt, ist eine echte Herausforderung für den News-Junkie in mir. Der Reflex, ins Netz zu gehen, um mich auf den bisherigen Wegen zu informieren oder einen Nachrichtensender einzuschalten, ist kaum zu unterdrücken. Am Abend fange ich dann an, nachzulesen und nachzusehen, was denn in Berlin passiert sei.

Alexander Wendt auf der Website von Tichys Einblick hat praktisch keine Rechtsradikalen, keine Verschwörungstheoretiker gesichtet. Das ist weit weg von dem, was ich, bis vor Kurzem ausschließlich informiert durch klassische Medien, erwartet habe.

Alexander Wendt
geb. 1966 in Leipzig, war freier Journalist u. a. bei Wirtschaftswoche, Stern, Tagesspiegel. Wendt war Redakteur für Wirtschaft, Politik, Wissenschaft beim Focus, er ist Buchautor und schreibt häufig für Tichys Einblick und die Achse des Guten. [13]

Wendt schreibt:»Es ist elf Uhr dreißig, Unter den Linden, und der Sturm der Extremisten auf Berlin fällt aus.« Er macht fünf Strömungen unter dem blauen Berliner Himmel aus: Corona- und Medienskeptiker,»Grundgesetzanhänger«, die dies laut Wendt auch auf T-Shirts vor sich hertragen.»Ich bin gegen alle Grundrechtseinschränkungen im Zusammenhang mit Corona« lässt sich»Christian, 30«, zitieren. [14] Dann gibt es noch die»Leute mit den Merkel-muss-weg-Schildern, die offenbar finden, dass 15 Jahre unter der uckermärkischen Vorsteherin reichen«. Eine weitere Gruppe seien die»völlig Corona-Ungläubigen« und dann noch die Sonderabteilung»der Jesus-Freaks«, die»den Heiligen Geist anrufen«.

Zusammengefasst:»Sicherlich gab es auf der Demo-Meile auch Leute mit diversen Sockenschüssen. Dem Reporter scheint es, dass sie irgendwo auf der Skala zwischen einem halben Lauterbach und anderthalb Thunberg liegen, also im Toleranzbereich einer normalen Gesellschaft.«

Der Tag sei auch, so Wendt weiter, »Großkampftag für viele Journalisten, die nicht drei Tage umsonst Tatütata-Beiträge über die große Rechtsextremistenmobilisierung geschrieben und gesendet haben wollen.« Was Wendt, etwas kompliziert, sagen will: die etablierte Presse hätte ein Vorurteil geschürt. Wer von beiden Seiten recht hat, daran gibt es für ihn keinen Zweifel.

Eine Teilnehmerzahl findet sich bei Wendt nicht, aber eine sehr persönliche Zusammenfassung eines netten, eigentlich harmlosen Demo-Nachmittags. »Am Abend berichtet ZDF-heute-Journal von 38.000 Teilnehmern, wichtigste Meldung: ›Promi-Corona-Leugner Hildmann festgenommen.‹« Und weiter: »Was würden manche Qualitätssender eigentlich berichten, wenn sie Hildmann nicht hätten?«

Das Schema wenig Fakten, sehr viel Meinung, klare Feindbilder vom öffentlich-rechtlichen Rundfunk bis zur Kanzlerin, wird in den nächsten Monaten immer wiederkehren. Die Palette kennt nur zwei Farben: schwarz und weiß.

Wendt zufolge »rennen am Abend noch zwei Dutzend Leute die Rampe und die Treppe vor dem Reichstagsgebäude hoch«. Gleichzeitig macht er etwa doppelt so viele Polizisten aus, die »die Protestler wieder hinunterbegleiten. ›Polizei verhindert Sturm auf den Reichstag‹, dichtet der Tagesspiegel.«

Was ist da wirklich passiert? Die Andeutungen und Einschübe bei Wendt machen neugierig, aber in meinen Quellen gibt es keine Aufklärung.

Polizeibericht: »Sturm auf den Reichstag«

Die Meldung Nr. 2051 der Berliner Polizei vom 30.8.2020:

Um kurz nach 19 Uhr strömte eine Vielzahl an Personen aus

dem Bereich Brandenburger Tor kommend in Richtung Wiese vor dem Reichstag. Um dies zu lenken bzw. zu unterbinden, sollten für den Bereich Simsonweg Ecke Scheidemannstraße Einsatzkräfte zusammengezogen werden. Diese Phase nutzte eine größere Personengruppe von etwa 300 bis 400 Personen, überwand aufgestellte Absperrgitter und gelangte so auf die Außentreppe des Reichstages. Wie durch den Pressesprecher der Polizei Berlin bereits im Einsatzgeschehen mitgeteilt wurde, haben die zur äußeren Sicherung des Reichstags am Ort befindlichen Einsatzkräfte unverzüglich reagiert und interveniert. Ein Eindringen in den Reichstag war den Personen daher nicht möglich. Mit weiteren zur Sicherung des Bereiches eingesetzten Kräften wurden die Personen von der Treppe zurückgedrängt. Hierbei kam es zu Angriffen auf Einsatzkräfte. [15]

YouTube empfiehlt mir auf der Suche nach »Berlin-Anti-Corona-Demonstration« ein Video von RT Deutsch, dem deutschsprachigen Sender aus Putins Propaganda-Maschinerie. Ein neuer Seitenweg in die Anderswelt.

Die Putin-Propagandisten liefern ein kurzes, technisch mangelhaftes Video mit Live-Charakter, teilweise schwarz, also ohne Bild, mit einem jungen, ganz sympathischen, sehr älplerischen Reporter und einer ebenfalls jungen, auch nicht unsympathischen Reporterin. Nette junge Leute, die beiden. Ein Kameraschwenk zeigt in der Tat eine beeindruckende Zahl von Menschen auf der Straße des 17. Juni. Der Text schließt mit »und es werden immer mehr«. Den Satz habe ich schon mal gehört, bei der Launch-Party für Tichys Einblick in Berlin vor vier oder fünf Jahren. Damals lief es mir kalt den Rücken runter.

YouTube führt mich jetzt weiter zu einem Video eines jungen

Österreichers namens Rin99er. Der junge Mann auf dem Musikvideo ist der Reporter, der gerade von der Demo berichtet hat, und singt im klassischen Singer-Songwriter-Stil der Siebziger ein Protestlied des Jahres 2020. »Wir fahren das Land mit Hochgeschwindigkeit an die Wand«, und weiter: »Werden wir weiterhin blind und taub sein« und dann noch, er ist Österreicher: »Kritisch hinterfragen, ist im Nachbarland schon illegal«. Der Titel des Songs: »Fragen muss erlaubt sein«.[16]

Ich klicke nochmals zurück auf die Empfehlungsseite: Von neun empfohlenen Videos ist nur eines dabei, das nicht aus dem Umfeld rechter Propaganda oder von Verschwörungstheoretikern stammt: »Climbing in Austria – stairway to heaven«. Ansonsten: ein Video von »Vegains DE«, was mir als Quelle nichts sagt. 3.600 Likes, 3.600 Mal Daumen hoch: Ein junger Mann, anscheinend Hobbyreporter, knapp über zwanzig. Breites offenes Gesicht. Sanfte Locken, einfacher Haarschnitt, grauer Kapuzenpulli, Typ netter Medizinstudent: »Wir sind einfach nur dahin gegangen, um zu gucken, sind da Tausende von Nazis? Die Antwort ist: nein. Ich habe einfach nur normale Leute gesehen.« Das, was er erzählt, belegt auch sein Video. Ausnahmslos nette Menschen, wie schon bei Mross im erwähnten Vorbericht von gestern.[17]

DIE KURZEN WEGE IN DIE TIEFEN DER ANDERSWELT

Noch ein Klick und ich bin mittendrin in wilden Theorien. Treffen hier die Wege besorgter Bürger und fanatischer Corona-Leugner und Verschwörungstheoretiker aufeinander? »No to Mafia« ist der Titel der Rede des ACU-Mitbegründers Heiko Schöning.[18]

ACU
ist laut Eigenbeschreibung die Abkürzung für »Außerparlamentarischer Corona-Untersuchungsausschuss«. Dieser Ausschuss wiederum ist Teil der »World Freedom Alliance«. Das Ziel der Organisation, in der Heiko Schöning Vizepräsident ist: »Ein Ende der unbegründeten und teilweise lebensgefährlichen Corona-Maßnahmen und ein Ende der unsinnigen weltweiten Krise.«[19]

Es sind offensichtlich Zehntausende, die Schöning auf der Demo am 29. 8. in Berlin zuhören. Dunkelblauer Anzug, selbstsicheres Lächeln, fast weiße, halblange Haare, kräftige, warme Stimme. Er begrüßt alle »auf dieser größten Demonstration der europäischen Geschichte«. Er stellt ein Buch vor: »Corona Fehlalarm?« von Dr. Karina Reiss und Dr. Sucharit Bhakdi, »auf der Spiegel-Bestsellerliste auf Platz eins«. Es ist zwar nicht die Bestsellerliste aus dem gedruckten Spiegel, das Buch findet sich aber auf den Taschenbuchlisten bei Spiegel Online und wird in den nächsten Wochen zur Bibel der Corona-Gegner.

Die Autoren werde ich in den nächsten Monaten immer wieder sehen, vornehmlich als Interviewpartner auf YouTube-Medien, aber auch bei der umstrittenen Talkshow »Hangar-7« im österreichischen Servus TV. Sie werden zu den Stars der Szene.

Dr. Karina Reiss
ist Professorin am Biochemischen Institut der Universität Kiel und Vollmitglied des dortigen Exzellenzclusters »Precision Medicine in Chronic Inflammation«.[20] Ab April 2020 tritt die Biochemikerin zusammen mit ihrem Mann Dr. Sucharit Bhakdi, mit dem sie auch das Buch »Corona Fehl-

alarm?« geschrieben hat, in der Anti-Corona-Szene auf. [21] Fünf Fachschaften der Universität sprachen dem Buch die Wissenschaftlichkeit ab, eine gemeinsame Stellungnahme der medizinischen Fakultät und des Exzellenzclusters spricht von »unbelegten und im Gegensatz zu seriösen internationalen wissenschaftlichen Erkenntnissen stehenden Behauptungen«. Das Anstellungsverhältnis besteht jedoch weiterhin. [22]

Dr. Sucharit Bhakdi
ist Facharzt für Mikrobiologie und Infektionsepidemiologie. Bis 2012 war er Professor an der Johannes Gutenberg-Universität Mainz und hat das dortige Institut für Medizinische Mikrobiologie und Hygiene geleitet. [23] Sein »Durchbruch« in der Anti-Corona-Szene gelang ihm mit einem offenen Brief an die Bundeskanzlerin, den er auf YouTube vorgetragen hat. [24] Mit seinen Anti-Corona-Videos erreichte er in kürzester Zeit 50.000 Abonnenten. Der Kanal ist inzwischen gelöscht. Neben zahlreichen Medizin- und Forschungspreisen wurde Bhakdi wegen seiner pseudowissenschaftlichen Äußerungen zur Corona-Pandemie im Dezember 2020 der Negativpreis »Das goldene Brett vorm Kopf« verliehen. [25]

Heiko Schönings Redetext ist frei von Argumenten oder gar schlüssigen Fakten.

»Wir haben eine Gleichschaltung in der Welt«, so Schöning, »wir sehen, dass dieses Virus nicht die Toten fordert, auch nicht, dass diese Kranken in den Krankenhäusern da sind. Das sehen Ärzte überall«. Und dann kündigt er an, »dass bei uns ein Lockdown für September oder Oktober geplant ist, ähnlich wie in Melbourne«.

Gerade wollte ich für heute aufgeben. Dann habe ich mich doch noch ein bisschen durch die ACU-Seite geklickt und ein Video-Kurzinterview mit Robert F. Kennedy gefunden.»Das ist der schlimmste Kampf, den die Menschheit erlebt hat«, wird er übersetzt,»Regierungen lieben Pandemien, weil es ihnen die Fähigkeit gibt, Angst zu nutzen, Terror einzusetzen, totalitäre Kontrolle über die Gesellschaft auszuüben, Gehorsam zu erzwingen.«[26] Wer das glaubt, müsste in der Tat dagegen aufstehen und Widerstand leisten.»Wir hier unten gegen die da oben« ist auch hier der Tenor. Und jemand mit dem Leumund eines Kennedy muss doch ernst genommen werden. Viel glaubhafter geht es doch für den Normal-User nicht mehr.

Robert Francis Kennedy junior
geb. 1954 in Washington, ein Neffe des US-Präsidenten John F. Kennedy. Rechtsanwalt, Umweltaktivist, Autor. Vertritt die inzwischen widerlegte These, Impfungen riefen Autismus hervor. War als Umweltaktivist für eine Position unter Obama im Gespräch, als Impfgegner für eine Kommission unter Trump. Unterzeichnete den umstrittenen fundamentalistischen Aufruf katholischer Würdenträger zu Corona. Polemisiert gegen Bill Gates. Angehörige des Kennedy-Clans warfen ihm öffentlich vor,»gefährliche Falschinformationen« zu verbreiten.[27]

Drei Klicks bis zum Abgrund: Dieses Internetprinzip funktioniert tatsächlich. Ich bin verblüfft und auch entsetzt, wie schnell das geht.

Diesen Weg ins Extreme hat die kanadische Soziologin Zeynep Tufekci schon 2016 in einer beeindruckenden Studie skizziert. Der Auslöser war eher zufällig: Die Autoplay-Funktion lotste sie bei einer Recherche zu Trumps Wahlkampf bei Google immer tiefer zu Videos von Holocaust-Leugnern und Rassisten. Tufekci machte, aufgeschreckt, mehrfach die Probe aufs Exempel, legte unterschiedliche Accounts an und kam immer wieder zur selben Erfahrung: von den Stichworten »Joggen« und »Vegetarier« zum Ultramarathon und zum aggressiven Veganismus waren die Klickwege gerade und kurz. Der Titel ihres 2016 in der New York Times erschienenen Artikels: »YouTube, der große Radikalisierer«. Sie folgert, es sei das erklärte Ziel der US-Konzerne, ihre User so lange wie möglich auf ihren Seiten zu halten. Warum das so ist, lässt sich einfach erklären: Längere Verweildauer bedeutet mehr Fläche, um Werbezeit zu verkaufen. Kaum jemand bestreitet heute, dass die Verweildauer des Besuchers und damit der User selbst das Produkt ist, das an die Werbewirtschaft verkauft wird. YouTube geht diesen Schritt, wenn man Tufekci folgt, noch entschiedener: Ihre Beobachtungen deuten darauf hin, dass Nutzer häufiger dranbleiben, wenn man beim nächsten Video ein kleines Stück aggressiver wird. [28]

Für diese Reise in die Anderswelt habe ich schon vor ein paar Tagen versucht, mich zu kalibrieren. Zu Beginn des Versuchs bot mir YouTube auf der Startseite auf meine bisherige Nutzung hin folgende Videos an: »Tauchen in Mozambique«, »Ausrastender Politiker«, »Ski-extrem«, einen Porsche-Testbericht, Wingsuit-Flüge und ein Interview mit Cem Özdemir. An dieser Stelle muss ich einflechten, dass ich YouTube kaum nutze und diese Auswahl meinen vielleicht fünfzig YouTube-Aufrufen in den letzten drei Jahren folgt. Was wird der Algorithmus vorschlagen, wenn ich intensiv meinen neuen Informationsquellen folge?

Binnen drei Tagen habe ich subjektiv denselben Eindruck wie Zeynep Tufekci. In den nächsten Wochen und Monaten werden mir Videos vorgeschlagen, zu denen ich nie einen Bezug hatte und nach denen ich nie gesucht hatte, von Videos mit den Kriegserlebnissen verschiedener SS-Gefreiter bis zu ausführlichen Waffentests wie der Erklärung einer »Volkssturmwaffe namens MP 3008«.

DER TAG DANACH

Es ist jetzt Sonntag, der 30. 8.: Alle Quellen, die ich heute lese, sind randvoll mit ihrer Darstellung der Berliner Ereignisse des Vortags.

Der »aktuell wichtigste Beitrag« bei KenFM ist ein Interview mit einem freundlichen Mitvierziger, erste graue Haare, offenes Siegerlächeln: Michael Ballweg. [29]

Michael Ballweg
gilt als Initiator der Demonstrationsbewegung »Querdenken 711« ab April 2020 zuerst in Stuttgart – Telefonvorwahl 0711. Geboren 1975, studierte er BWL und gründete 1996 die IT-Firma »Media Access GmbH«. Am 11. 8. 2020 kündigt seine Firmenhomepage ihre Abschaltung an, weil namhafte Kunden ihre Referenzen zurückgezogen hätten. [30] Seither hat sich Ballweg zur Führungspersönlichkeit der Querdenken-Bewegung aufgeschwungen und nutzt sie nicht nur, um seine Ideologie zu verbreiten, sondern auch, um Geld zu verdienen. So sichert sich Ballweg die Rechte an den Namen vieler Querdenken-Ortsgruppen, verdient an den Einnahmen lokaler Quer-Denken-Merchandising-Verkäufen mit und lässt sich mitunter für Auftritte auf Querdenken-Demonstrationen bezahlen. So erhielt er für die Bewegtbildrechte eines gemeinsamen Auftritts mit Thomas G. Hor-

nauer auf einer Querdenken-Demo in Stuttgart im Juni 2020 von diesem 5.000 Euro.[31] Im Dezember 2020 wurde bekannt, dass der Verfassungsschutz Baden-Württemberg »Querdenken 711« als Beobachtungsobjekt einstuft.

Thomas G. Hornauer
verdiente in den 90ern ein Vermögen mit Astrologie und Erotikpartner-Hotlines. Er kaufte den angeschlagenen Sender B.TV und produzierte dort den esoterischen TV-Kanal »Telemedial«. Zuletzt machte Hornauer als esoterische »königliche Hoheit« bei YouTube auf sich aufmerksam.[32]

Die erste Frage an Ballweg, was denn in der Nacht passiert sei, ist eigentlich einfach. Die Antwort ist dann eher kompliziert. »Wir haben die Demo gestern um 20:30 Uhr beendet, und danach habe ich die Versammlung ›Querdenken kämpft‹ eröffnet. Danach hat die Polizei mir mündlich erklärt, dass die Versammlung verboten wäre, dann habe ich nachgefragt [...] Bundesverfassungsgericht eingeschaltet [...] die Polizei hat geräumt dann heute Nacht, mit unschönen Bildern und auch Verletzten Bilder, in diesem Fall Beleg- oder Beweisbilder von dem angesprochenen Einsatz, fehlen. Die der Stimme nach junge Reporterin fasst bei dem Mann im T-Shirt mit dem Aufdruck »Berlin invites Europe« nach. Mein Eindruck nach drei Minuten Interview: Wir leben in einem Polizeistaat. Von Hunderttausenden Views ist jetzt die Rede, und unterwürfig, anders kann man das nicht sagen, beendet die junge Frau das Interview mit den Worten: »Du dankst der Community, die Community dankt dir.« Diese Art des Interviews wird sich in den nächsten Monaten praktisch immer wiederfinden. Innerhalb der »Community«, innerhalb der Anderswelt gibt es keine kritischen Fragen. Eine Szene, die aller Welt Mangel an Meinungsvielfalt und -freiheit vorwirft, kommt unter sich mit harmonischer Meinungseinfalt zurecht.

Der Tonfall an diesem Sonntag ist bei allen ähnlich. Mross: »Wir leben in einem Willkürstaat.« Tichys Einblick: »Ein großes Happening mit kleinen Verstörungen«. Junge Freiheit: »AfD nennt Corona-Demonstration in Berlin Erfolg.« Der Eindruck, den ich aus all meinen Quellen mitnehme, ist der einer friedlichen Demonstrantenschar, praktisch ohne Rechtsextremisten, Reichsbürger, QAnon-Anhänger, denen eine im Lauf des Tages zunehmend aggressiver werdende Polizei gegenüberstand. Bei KenFM liest sich das so: »Am Ende dumpfe Gewalt gegen die Bürger! Es ist schockierend, dass der Berliner Senat, wir sprechen von der neu umjubelten zukünftigen Regierungsvariante Rot-Rot-Grün, für sich diesen Weg gewählt hat ... Arm und sexy? Nein, arm und brutal gegen Bürger und Touristen«.[33]

YouTube verweist mich dann noch auf das Video eines österreichischen Instituts namens »RPP-Institut«

Das »Institut für Religiosität in Psychiatrie und Psychotherapie«

will laut Eigenbeschreibung »Psychiater, Psychotherapeuten und Psychologen in ein direktes Gespräch mit Religionswissenschaftlern, Philosophen und Theologen bringen« und organisiert hierfür Kongresse und Diskussionsrunden.[34] Im Gegensatz zum Anspruch »Werteneutralität« des Instituts stehen Positionen seines Gründers Raphael Bonelli. Er nutzt den 86.000 Abonnenten starken YouTube-Kanal des Instituts, um gegen Feminismus, die »Genderideologie« und die »Abtreibungslobby« zu wettern.[35] Zudem macht er sich in Österreich für die in Deutschland verbotene Konversionstherapie von homosexuellen Männern stark.[36]

Das empfohlene Video zeigt mit Musik unterlegte Drohnenbilder, immer wieder kaum spürbar aneinandergehängt: Massen von Menschen, die auch bei mir Zweifel erwecken, ob es wirklich nur 38.000 Teilnehmer waren. Alle Videos, die ich heute gesehen habe, haben sechsstellige Abrufzahlen und jeweils 20.000 und mehr Likes.[37]

Das ist Tag drei meiner Reise in die Anderswelt. Sonntagabend.

ERSTE ZWEIFEL

Am Montag, Tag vier, beschäftigen mich immer noch zwei Themen vom Vortag: die Zahl der Demonstranten und die Frage, was denn auf der Treppe zum Reichstag wirklich passiert ist.

Ich suche und finde das Stichwort »Sturm auf den Reichstag«. Es ist heute noch mal eingebettet in einen Artikel bei Tichys Einblick.[38] Beschimpft wird hier der Berliner Tagesspiegel, der anscheinend über so etwas wie »einen Sturm auf den Reichstag« berichtet hat.

Auch in meinen Quellen finde ich, dass die offizielle Zahl der Demonstranten, von der Polizei ermittelt, von der Politik übernommen, bei 38.000 liegt. 38.000 exakt. Nicht knapp 40.000 oder zwischen 35.- und 40.000, nein: 38.000. Aus langer journalistischer Erfahrung, Brokdorf, Wackersdorf, TTIP und so weiter, weiß ich, dass die offiziellen Angaben und die der Organisatoren immer auseinanderklaffen. Im »Regelfall« liegt die Polizei bei der Hälfte dessen, was die Organisatoren angeben, und die Wahrheit liegt wahrscheinlich in der Mitte. Nur wird es keine Mitte zwischen 38.000 und einer Million Menschen geben, die realistisch ist. Aber mein Eindruck aus den Bildern, die ich im Netz gesehen habe, ist eindeutig: das waren mehr als 38.000.

Jede kleine Unschärfe in klassischen Medien taugt zum Anlass, ihre Glaubwürdigkeit grundsätzlich zu bestreiten. Dahinter dann erfindet man sich die Fakten komplett frei. Allmählich fange ich an, den Begriff »alternative Fakten« zu verstehen. Und die Frage, die die leisen Zweifler umtreibt: Wem denn nun glauben?

Ähnlich geht es mir mit dem von den etablierten, den Mainstream-Medien anscheinend sehr gehypten »Sturm auf den Reichstag«. Zitiert wird dieser Begriff immer wieder, als Beleg für maßlose Übertreibung der »System-Medien«. Nach meinen Quellen war es ganz anders: Höchstens ein Dutzend Versprengte, die die Polizeiabsperrung nicht verstanden hätten, seien »die Treppe hochgegangen«.

Tagesdosis nennt sich heute am Montag die Aufmacher-Rubrik bei KenFM. Kein Video, aber gesprochener Text, der mit einem Foto unterlegt ist, das wieder eine beeindruckende Menschenmenge zeigt.[39] Grob zusammengefasst ist es das, was ich schon seit Samstag andauernd höre: »Mindestens 300.000 [...] Polizei hat ihre Arroganz gezeigt [...] bunte Mischung von Teilnehmern«, dann kommt aber eine auch in der Tonalität neue Aussage: »Es waren auch einige dabei, die die Verhältnisse von gestern wieder haben möchten.« Das hatte ich bisher so klar noch nicht gehört oder gelesen. Und: Der Text ist professionell geschrieben und vorgetragen und glaubwürdig.

Schon nach vier Tagen setzen bei mir Zweifel ein, wo die Wahrheit zu finden ist. Es hat wirklich nicht lange gebraucht, um verunsichert und gleichermaßen beeindruckt zu sein. Auf den Boden zurückgeholt haben mich die haarsträubend unsinnigen Theorien wie die von der »Gates-Verschwörung« oder die »Merkel muss weg«-Passagen, mit denen ich auch immer wieder konfrontiert war. Zumindest für den Moment bin ich über eine Pause froh. Und kann mit Friedrich Küppersbusch darüber reden.

FK: Hans, als Nachrichtenprofi, welche »Alternativen Medien« hast du genutzt, bevor dein Selbstversuch losging?

HD: Ich bin immer mal wieder drüber gestolpert, meist über Social Media. Tichys Einblick und MMnews im Wesentlichen. Schon KenFM kannte ich nur vom Hörensagen, bei der Jungen Freiheit und Compact wusste ich, wie beide einzuordnen sind. Ich hab aber dort nie was entdeckt, keine Fakten, die mein Mainstream-Medium , die von mir verantworteten Nachrichten, bereichert hätten, nur Meinungsäußerungen.

FK: Dann hast du es gelesen, weil es neben beruflicher Lektüre – »sexy« war, frivol?

HD: Offen gestanden: Weil ich einige persönlich kenne! Und mich frage: Was macht der, wohin entwickelt der sich? Ich habe das aber nie als Journalismus gesehen, sondern als frei drehende Meinung. Ihren Zielgruppen nach dem Mund geschrieben.

FK: Hattest du nie Zweifel in Jahrzehnten als Mainstream-Nachrichten-Macher?

HD: Nie.

FK: Nie???

HD: Eigentlich nie. Ich hatte und habe ein Urvertrauen in die deutsche Medienbranche. Ok, das kam jetzt ein bisschen schnell – es gab immer mal Momente, wo ich Fragen hatte, an mich und andere redaktionell Handelnde

FK: Beispiel 9/11: Es gab diese Bewegtbilder, unklare Meldungen, und bei deutschen Sendern Moderatoren, die aus Not zwei Stunden live über defekte Navigationssysteme meditierten. Wir bauen doch auch Mist!

HD: Ja, zugegeben. Es wäre ja völliger Unsinn zu behaupten, es gäbe keine Fehler oder Fehleinschätzungen. Aber eben weitestgehend nicht mit System. Wobei mich dies an meine Zeit beim öffentlich-rechtlichen Fernsehen erinnert.

Die Berichterstattung um die geplante Wiederaufarbeitungsanlage für Kernbrennstäbe im oberpfälzischen Wackersdorf war schon sehr nahe an der Position der damaligen Bayerischen Staatsregierung.

FK: Stichwort Bayerischer Rundfunk: Franz Schönhuber, der Ahn der gegenwärtigen Rechtspopulisten, war dort dein Vorgesetzter?

HD: Zu meiner Ehrenrettung: Als er mich einstellte, galt er als SPD-nah.

FK: Thilo Sarrazin galt auch als SPD-nah. Konnte man denn von Schönhuber etwas über Populismus lernen?

HD: Sarrazin war ja bis vor Kurzem in der Partei. Er war ja auch Finanzsenator in Berlin, Mitglied im Vorstand der Bundesbank. Zu Schönhuber: Er hatte ein sehr gutes Gespür dafür, was die Menschen interessierte, nicht von oben herab wie Direktoren, er konnte wie wenig Andere dem Volk aufs Maul schauen. »Jetzt red i« hieß seine bekannteste Sendung. Das ist immer noch ein großes Stück Fernsehen und hat eine Menge bewegt. Wir als Reporter haben seinen Ideenreichtum oft gehasst: Montags kam er mit dem Taxi ins Büro, und wir mussten dann die Geschichten machen, die ihm der Taxifahrer erzählt hatte.

FK: Klassiker: Taxifahrer und Ommas in Wanne-Eickel haben in unserer Branche eine ungeheure Macht. Schönhuber hatte dieses Ortungstalent – was will das Publikum hören – statt journalistischer Kriterien. Wie mächtig ist das?

HD: Ich war ja auf den verschiedenen, entgegengesetzten Seiten – Berichterstatter und Gegenstand von Berichterstattung – und habe gelernt: Applaus, Preise, Quoten, Schulterklopfen am Stammtisch, Auflagen sind Triebfedern. Das bringt aber auch das Geld für neue Projekte, Recherchen, Programme. Heute kann man sich anschauen, was passiert, wenn es fehlt: Redaktionen werden geschrumpft und gestrichen.

FK: Nun scharen sich Nutzer um neue Publikationen. Du hast sie bisher eher aus exotischem Reiz angeschaut.

HD: Extrem linke oder rechte Publizistik gehörte für mich nie dazu zum professionell Notwendigen.

FK: Nach den Lehrjahren im BR hättest du selbst dich in Richtung Populismus, Boulevardjournalismus radikalisieren können?

HD: Nichts gegen Boulevard – ich habe das ja auch gemacht. Es bedeutet zuerst einmal, Texte und Themen so aufzubereiten, dass es die Leute gerne lesen, und deren Interessen ernst zu nehmen. Boulevard im guten Sinn heißt ja nicht Geschäftsmodell statt Journalismus. Populismus ist eine andere Spezies. Das ist das, was wir gerade jetzt bei den Rechten erleben. Ich nenne dir drei Gründe. Erstens – einige Macher befällt anscheinend so etwas wie Alterskonservativismus. Stichwort Sarrazin. Zweitens: Haschen nach Anerkennung und Applaus. Drittens: Geschäftsinteressen, Marktlücken. Schau dir Abrufzahlen bei YouTube an oder die Auflagen der neuen Organe.

FK: Ok. Hans, hast du Angst?

HD: Ein ... Ein bisschen. Ja.

FK: Wovor?

HD: Das Erste: Mich selbst politisch festzulegen. Meine Meinung sollte nie Leitschnur meines journalistischen Handelns sein. Und dann: Ich habe schon Angst davor, dass es mich ... das habe ich in den ersten Tagen schon gespürt – dass es mich im Denken verändert. Gerade beim Thema Corona – da zeigten sich die »Mainstream-Medien« anfangs schon sehr regierungsnah, staatsfromm, fast als Teil der Pandemie-Bekämpfung.

FK: Du hast »ein bisschen Angst« – kann dabei herauskommen, dass dein Lebenswerk umfällt? Du erkennst, dass du den »falschen« Journalismus gemacht hast?

HD: Hm ... Ok, es ist eher die Angst vor einem Zahnarztbesuch als die Angst vor einem Tiger, der vor dir das Maul aufreißt. Aber immerhin die Angst, dass es mein Denken verändert, wie ich es nie verändert haben wollte.

FK: Ist der Zahnarzt schon an einen Nerv gekommen bei deinem ersten harten Selbstversuch?

HD: Ja. Beim Demo-Wochenende in Berlin. Aus Erfahrung weiß ich um die Kalamitäten bei den Zuschauerzahlen. Voriges Mal waren nach meinem Kenntnisstand 30.000 da, QAnon, Neonazis, Knallköpfe, in erster Linie eine Demo extremer Positionen. Nächste Demo eine Million – das glaube ich nicht. Was ich in diesen sogenannten alternativen Medien gesehen habe, war etwa der in seiner Argumentation kaum nachvollziehbare Kennedy-Neffe. Also: Meine Widerstandskraft gegen all das war relativ hoch. Aber was ich gesehen habe, die Bilder, bringt mich dazu, die offizielle Zahl von 30.-, 35.000 anzuzweifeln. Was ich auch mitgenommen habe: Sehr viele Demonstranten kamen augenscheinlich aus der »bürgerlichen Mitte«. Der Profi in mir sagt: Ja gut, Frage der Auswahl. In der gesamten Berichterstattung habe ich keine Reichsflagge, schon gar keine Reichskriegsflagge gesehen, nichts von einem »Sturm auf den Reichstag«. Das tauchte nur indirekt auf. In den »alternativen Me-

dien« sah das nach einem Grüppchen Versprengter aus, die sich auf dem Weg zur U-Bahn verlaufen haben.
FK: Du verwendest den Begriff Berichterstattung?
HD: Ja.
FK: Hans in Gefahr.

ABSURDE THEORIEN VERKAUFEN SICH

Die abenteuerlichste Version zur Stürmung des Reichstags werde ich fünf Monate später in Buchform finden. Der Autor wird im Klappentext als erfolgreicher, ernst zu nehmender Journalist vorgestellt. Studium der Politikwissenschaften in München, seit mehr als 30 Jahren Journalist, Schriftsteller und Dokumentarfilmer. »Der auf seinem Buch ›Das RAF-Phantom‹ ... beruhende Fernsehfilm ›Das Phantom‹ erhielt im Jahr 2000 den Grimme-Preis.« Der Grimme-Preis, gestiftet vom deutschen Volkshochschulverband ist die renommierteste deutsche Auszeichnung für Fernsehproduktionen.

Gerhard Wisnewski beschreibt in seinem Jahrbuch 2021 »Verheimlicht, vertuscht, vergessen«, »wie der Reichstag gestürmt wurde – oder auch nicht«. Es ist der Eintrag vom 29. August, Seite 200. »Die nächsten sieben Seiten sollen beweisen, dass alles ganz anders war.« [40]

Unter dem frischen Eindruck der Erstürmung des Kapitols in Washington lese ich Mitte Januar 2021 Wisnewskis Version der Geschehnisse am Reichstag. Kein Sturm auf den Reichstag, sondern eine gezielte Aktion der Polizei, um die Querdenker-Bewegung zu diskreditieren. Zum Auftakt mokiert sich der Autor über die Berichterstattung der Bildzeitung: »Herrje: Krieg am Reichstag! Horden von Wilden stürmen das Reichstagsgebäude, nur wenigen Helden (Bild) der Polizei gelingt es, das Parlamentsgebäude vor der Besetzung durch Reichsbürger, Chaoten und Rechtsextreme zu schützen! Doch ehrlich. Das stand schließlich in der Bildzeitung.«Und dann gleitet Wisnewski ins Reich der Fantasie ab:»Nur ganz knapp, und auf der Regierungsbank hätten Reichsbürger Angela Merkel vom Stuhl gequetscht, das Mineralwasser der Saaldiener geschlürft, und am Rednerpult hätten Verschwörungstheoretiker ihre wirren Reden geschwungen.« Doch Wisnewski zufolge war das alles erstens halb so wild und zweitens von der Polizei inszeniert. Eine angebliche V-Frau der Polizei namens Tamara K. hätte zum Sturm auf den Reichstag aufgerufen und später dies auch in YouTube-Interviews klar zugegeben.»Ja, es war tatsächlich auch so, dass es abgesprochen wurde mit der Polizei«, sagte sie klipp und klar laut Wisnewski am 31. August in einem Interview.»›Wir haben dahin auch Kontakte, dass wenn die ihre Helme ausziehen und sich von dem Gebäude entfernen, ist das unser Startschuss, das heißt, sie haben uns den Weg frei gemacht. Wir stehen mit denen in direktem Kontakt‹, erklärt sie weiter.« [41]

Tamara K.
ist ein bekanntes Gesicht in der Esoterik-/Reichsbürgerszene. Die Heilpraktikerin lebt in einem 8.500-Einwohner Dorf in der Eifel, in dem es laut Verfassungsschutz genau einen Reichsbürgerfall gibt. Nach dem Sturm auf den Reichstag wird gegen sie wegen aufwieglerischen Landfriedensbruchs ermittelt. [42]

Wisnewski führt einen auf den ersten Blick glaubhaften Zeugen für seine These an, den ehemaligen»Kriminalbeamten Thomas Wüppesahl«. Er könne belegen,»dass die Polizei das bewusst zugelassen hat«.

Thomas Wüppesahl,
ehemaliger Bundestagsabgeordneter für die Grünen und bis 2005 Kriminalbeamter in Hamburg. Mitte der 70er-Jahre trat Wüppesahl den Grünen bei und zog 1987 über deren Landesliste Schleswig-Holstein in den Bundestag ein. Im selben Jahr trat er wegen interner Streitigkeiten aus der Partei aus und blieb als Fraktionsloser im Bundestag. Hier trat er vor allem für die Rechte fraktionsloser Abgeordneter ein. Ebenfalls 1987 gründete Wüppesahl mit einigen Arbeitskollegen die Vereinigung kritischer Polizisten.[43] Nach mehreren niedergeschlagenen Strafanzeigen in den späten 90ern und frühen Nullerjahren wurde Wüppesahl 2005 wegen Vorbereitung und Versuchs der Beteiligung an einem Raubmord und Verstoßes gegen das Waffengesetz zu einer Freiheitsstrafe von viereinhalb Jahren verurteilt. Er hatte mit ehemaligen Kollegen geplant, einen Geldboten zu erschießen, dessen Arm mit einem Beil abzuhacken und diesen zu nutzen, um den fingerabdruckgesperrten Geldtransporter zu knacken. Er verteidigte sich mit dem Hinweis, er habe Missstände bei der Polizei aufdecken und einen verdeckten Ermittler überführen wollen.[44] Seit 2020 tritt Wüppesahl als Redner auf Anti-Corona-Demos auf.

Die Bundesarbeitsgemeinschaft kritischer Polizistinnen und Polizisten (Hamburger Signal) e.V.
wurde 1987 von drei Polizeibeamten als Reaktion auf die gewalttätigen Polizeieinsätze gegen die Anti-AKW-Bewegung gegründet. Die Bürgerrechtsbewegung setzt sich hauptsächlich aus Polizist*innen des grünen und sozialdemokratischen Spektrums zusammen und engagiert sich für mehr demokratische Gesinnung und Strukturen in der Polizei.

Seit Beginn der Corona-Pandemie vertreten die Kritischen neben ihren üblichen, eher linken Positionen, wie z.b. Kritik am Rassismus innerhalb der Polizei, auch – und dies vor allem bei Corona-Themen – Querdenker-Positionen.

Laut Wisnewski erhielten die »Demonstranten eine Einladung erster Klasse, die Reichstagstreppe zu besetzen«. Die Polizei hätte bewusst die Auseinandersetzung gesucht und ermöglicht, »um das Spiel wieder zu beenden, sobald die gewünschten Bilder im Kasten sein würden«. Denn »die ganze Welt sollte sehen, wie gefährlich die Anti-Corona-Bewegung ist«. Und weiter: »Die Staatsmacht selbst hat die Demonstranten zum Erklimmen der Reichstagstreppe eingeladen.« Das könnte man als verrückte Räuberpistole abtun, wäre Wisnewski nicht, wie es im Klappentext von »Verheimlicht, vertuscht, vergessen – 2021. Das andere Jahrbuch« heißt, »führender Vertreter der Gegenöffentlichkeit und zählt zu den Pionieren des aktuellen Gegenzeitgeistes«. Erschienen ist das Buch in Deutschlands erfolgreichstem Verlag für rechte Sachbücher und obskure Romane: bei Kopp.

Gerhard Wisnewskis Buch springt im Januar 2021 neu auf Platz 10 der Spiegel-Bestsellerliste »Sachbuch«.

Der Kopp-Verlag, so schreibt der Literaturwissenschaftler Michael Butter, »fristete lange ein Nischendasein, hat aber in den letzten Jahren durch seine Präsenz im Netz – und natürlich durch das Erstarken des Rechtspopulismus – ungemein an Popularität gewonnen.«[45]

Gegründet wurde der Verlag 1994 von dem ehemaligen Stuttgarter Polizisten Jochen Kopp. Lange Jahre eher ein esoterischer Nischenverlag, ist er mittlerweile der wichtigste Umschlagplatz für gedrucktes rechtes Gedankengut in Buchformat. Beworben werden die verschiedenen Publikationen vorwiegend im rechten Umfeld von der Jungen Freiheit bis hin zu »Politically incorrect«.

Wer bei Google das Suchwort »Kopp« eingibt, bekommt folgende Vorschläge: Eva Hermans »Blutgericht Europa«, Thor Kunkels »Lügenpresse«, Gerhard Wisnewskis Jahrbuch 2021, aber auch Trockenbrot, sechs Dosen im Karton: »Langzeitlebensmittel speziell entwickelt für die Krisenvorsorge.«

Bis 2017 hat der Verlag auch die Website Kopp online betrieben, die wegen wirtschaftlichen Misserfolgs dann eingestellt wurde. Dort raunte die ehemalige Tagesschau-Sprecherin Eva Herman, bei der tödlichen Loveparade-Massenpanik hätten »ganz andere Mächte eingegriffen«.[46] Oder Wisnewski fragte nach einer eventuellen Transsexualität Michelle Obamas, oder Udo Ulfkotte fabulierte vom »Fäkalien-Dschihad«: Erntearbeiter, die ihre Notdurft in den Feldern verrichten, um mit Absicht die deutsche Bevölkerung krank zu machen.[47] Seit 2015 hat sich Kopp laut FAZ »zu einem der maßgeblichen Ideenlieferanten für die Anhänger von AfD und Pegida, Rechtsextremisten und anderen Kritikern der Merkel'schen Flüchtlingspolitik entwickelt.«[48]

Das passt auch zur Verlags-Ideologie. Nach eigenen Angaben hat man es sich zum Ziel gesetzt, »auf unbequeme Wahrheiten, unterdrückte Informationen und geheime Entdeckungen hinzuweisen«. Und: »Die Ausweitung von Zensur, Political correctness und Tabuthemen« soll untersucht werden. Kopp hat längst die Nische des esoterischen Kleinverlags verlassen. Für Michael Butter sind die Bücher des Kopp-Verlags »keine Randphänomene, sondern erreichen ein beträchtliches Publikum. In der Württembergischen Landesbibliothek, an die Kopp seine Pflichtexemplare abliefern muss, gehören die Bücher sogar zu den am meisten nachgefragten in der Abteilung für Zeitgeschichte.«[49]

DEUTSCHLANDS BEKANNTESTER VERSCHWÖRUNGSTHEORETIKER

Den Corona-Protest befeuert hat ein Mann, dessen Ziel es offensichtlich ist, Zweifel in breiten Schichten der Bevölkerung zu säen. Er stellt sich am 4. Mai 2020 in einem Video vor. »Mein Name ist Ken Jebsen, ich bin ein freier Journalist in Deutschland und arbeite seit über 35 Jahren in diesem Land mit einem Presseausweis.«[50] An diesem 4. Mai hofft Deutschland auf Lockerungen der Corona-Beschränkungen. Zwei Tage später werden die Einschränkungen des ersten Corona-Lockdowns dann auch reduziert werden. Der Titel des Videos, das Jebsen bei YouTube hochlädt: »Bill Gates kapert Deutschland.«[51] Es wird innerhalb von drei Tagen drei Millionen Mal angeklickt. Mehrere hochkarätige Faktenchecker entlarven das Video umgehend als Lügengespinst.

Jebsen im Vordergrund ist leicht überbelichtet, aber jede Faser des ernsten Gesichts strahlt Entschlossenheit aus. Und er kommt direkt zum Thema. Die Bill-und-Melinda-Gates-Stiftung habe sich in die Welt-Demokratien gehackt, die Weltgesundheitsorganisation WHO sei zu 80 Prozent von eben dieser Stiftung finanziert, die Bundesregierung sei korrupt, die Wissenschaftler Drosten und Wieler auf der Gates'schen Lohnliste, Demonstranten würden verhaftet, weil sie das Grundgesetz hochhalten, Menschen, die nicht gegen Corona geimpft seien, würden die Grundrechte aberkannt.

In rasend schneller Abfolge knallt Jebsen seine Sätze, seine offensichtliche Wut ins Netz: Nach etwa zehn Minuten ist der düstere Mann so richtig in Rage. »Vor hundertzwanzig Jahren gab's einen ganz starken Trend auch auf diesem Globus, einen Euthanasie-Trend [...] Wo ist das alles gelandet? In Auschwitz.« Bevor der Zuhörer zum Nachdenken kommt, auf welchem Globus denn sonst noch solche Trends vorkommen könnten, hämmert Jebsen weiter. So wirr das alles ist: Er trifft offensichtlich den Nerv bei vielen, die die Anti-Corona-Maßnahmen ablehnen.

»Wir haben ja Glück, dass wir es bei Covid-19 mit einer relativ harmlosen Grippe zu tun haben.« Belege für diese These brauchen er und anscheinend auch sein Publikum nicht. Das Bild, das Jebsen von der bevorstehenden Zukunft zeichnet, ist der total überwachte Mensch. »Wir schlittern hier mit Riesenschritten in eine digitale Diktatur.« Bei Minute 17 geht es dann unter die Gürtellinie: »Diese Regierung baut, seit sie im Amt ist, dermaßen Scheiße, ist dermaßen korrupt ... sie zwingt jetzt die ganze Welt zusammen mit Bill und Melinda Gates, sich eine Scheiße in die Vene zu pumpen.«

Faktencheck

Laut Faktenchecks strotzt das Video vor Falschaussagen. So ist zum Beispiel die Aussage, die WHO würde zu 80 Prozent von Bill und Melinda Gates finanziert werden, falsch. Die Spenden der Gates' machten 2018 lediglich knapp 5 Prozent des WHO-Budgets aus. Auch wurden auf den »Hygienedemos« Menschen nicht festgenommen, weil sie ein Grundgesetz bei sich trugen, wie Jebsen sagt, sondern weil sie gegen die Berliner Eindämmungsverordnung verstoßen hatten. Sie wurden also nicht wegen des Grundgesetzes verhaftet, nur mit ihm. Ebenfalls als faktisch falsch stellte sich Jebsens Behauptung heraus, es sei eine »Impfpflicht durch die Hintertür« in Planung. Dies dementierte das Gesundheitsministerium auf Nachfrage von Correctiv.[52] Ähnliches gilt für die Aussagen, die WHO-Gelder gingen nicht in die Forschung, sondern direkt in die Taschen der beteiligten Forscher und die deutsche Regierung riskiere Impfschäden durch vorschnelle Zulassung der Impfstoffe. [53] Die Behauptung, Covid-19 sei wie eine relativ harmlose Grippe, wurde bereits des Öfteren im Verlauf der Pandemie widerlegt. [54]

Wer ist der Mann, der so schnell redet, dass der Zuschauer glaubt, er hätte aus Versehen auf den Vorspulknopf gedrückt? Jebsen wirkt sportlich, fährt Motorrad, springt mit dem Fallschirm aus dem Flugzeug. Sportarten, die gefährlich sind und perfekt zum Image des Outlaws passen. Er hat ein jugendlich-freundliches Lächeln, mit einem Hauch von Melancholie. Mitte fünfzig schätzungsweise, leicht angegrautes Haar. In allen Interviews strahlt er überbordendes Selbstbewusstsein aus.

Während Jebsen beispielsweise dem russischen Propagandasender RT Deutsch gerne und häufig Interviews gibt, hat er unsere Interviewanfrage nicht beantwortet. Im Internet und in Büchern gibt es viele Interviews mit ihm, die Interviewer waren fast immer Gleichgesinnte.

Einer davon ist Mathias Bröckers, der an einem gemeinsamen Wochenende mit Jebsen ein Gespräch geführt hat, aus dem ein etwa 250 Seiten dickes Buch geworden ist: »Der Fall Ken Jebsen – Wie Journalismus im Netz seine Unabhängigkeit zurückgewinnen kann.« [55]

Mathias Bröckers,
geboren 1954, schrieb u. a. für die taz und Telepolis. Er betreute die Satireseite »Die Wahrheit« der taz, trat auch als Kabarettist auf und engagierte sich unternehmerisch für

Hanf- und Haschischprodukte. Mit Publikationen über 9/11 und unbewiesenen Theorien dazu fand er zunehmend Gehör in rechten und verschwörungsaffinen Zielgruppen. Mehrere Bestseller veröffentlichte er unter dem Pseudonym John S. Cooper. Sein Buch »Wir sind die Guten« zum Ukraine-Konflikt fand auch außerhalb der Szene Beachtung. Zur Pandemie vertritt Bröckers die Auffassung, die Grundrechtseingriffe stünden in keinem Verhältnis zur Gefährdungslage, die seit Mai 2020 nicht mehr gegeben sei. [56, 57]

Der Klappentext ist ein langes Jebsen-Zitat: »Wir sagen als Fallschirmspringer ›in die Tür und Exit‹. Und das gab es in meinem Leben permanent: in die Tür und Exit. Du bist irgendwo drin, hast auch die Fähigkeiten, aber irgendwann musst du sagen, jetzt raus! Du musst im wahrsten Sinne des Wortes loslassen, in den freien Fall gehen, du brauchst Urvertrauen. Wo springst du da rein? In so ein Standbild aus vier Kilometern Höhe. Und so war das immer: als mein Vater die Kurve kratzte, auf der Waldorfschule, als ich bei der Bundeswehr dumm aufgefallen bin, als ich beim rbb rausflog. Überall in die Tür und Exit. Und dann, bamm! Geht der Schirm auf. Und du denkst: Wow, das Ding kann man ja lenken, das hätte ich ja schon längst machen sollen.«

2007 gewann Jebsen den angesehenen CIVIS-Medienpreis. 2011 dann im November folgte ein brutaler Absturz. [58] Jebsen, damals Hörfunkmoderator beim rbb, hatte laut Tagesspiegel einem Hörer in einer E-Mail geschrieben, er wisse, dass Edward Bernays »den Holocaust als PR erfunden hat«. Joseph Goebbels habe das Buch gelesen und entsprechende Kampagnen umgesetzt. Bernays war einer der ersten Spindoktoren und gehörte mit zu den Vätern von Public relations, Politikberatung und Propaganda. Jebsen gab zu, die Mail geschrieben zu haben, bestritt aber den

Vorwurf des Antisemitismus. Schließlich trennte sich der rbb von Jebsen mit der Begründung, er habe mehrfach journalistische Standards des rbb nicht eingehalten. Jeden, der in diesem Zusammenhang schreibt, er sei wegen antisemitischer Äußerungen gekündigt worden, überzieht Jebsen mit einer Klage.

Begegnung

Zu dieser Zeit suchte Jebsen Kontakt zu meiner Produktionsfirma probono.TV. Wir trafen uns – er, seine Anwältin, ich – im Berliner Café »Einstein Unter den Linden«. Jebsen schilderte seine Radiosendung in hellen Farben und hohen Reichweiten, seine Lage im rbb hingegen als stiefmütterlich und heillos unterfinanziert. Sein Anliegen schien mir, mit einer Produktionsfirma seine Sendung weiterzuentwickeln und finanziell besser auszustatten. Wir kamen auf die Kontroverse um seine als antisemitisch bewertete Mail zu sprechen. Er schilderte, nachts und übermüdet nach einer Produktion unbedacht geschrieben zu haben, was seine zahlreichen Rechtschreibfehler belegen würden. Er spekulierte, der Publizist Henryk M. Broder habe die Hörer-Mail lanciert, auf die er dann missverständlich reagiert habe. Damit, so mein Eindruck, gelang es ihm zunächst auch, die Zusammenarbeit mit dem rbb fortzusetzen. Ende November trennte sich der rbb dann doch von Jebsen. Im Gespräch beeindruckte mich Jebsens hohes Energielevel, sein missionarisches Auftreten. Gefühlt kam ich in anderthalb Stunden fünf Minuten zu Wort – zu wenig, um belastbare Chancen für eine Zusammenarbeit auszuloten. – Ende 2017 untersagte der Berliner Kultursenator Klaus Lederer (Linke) eine Veranstaltung mit Jebsen und attestierte ihm »offenen, abgründigen Israelhass, die Verbreitung typisch antisemitischer

Denkmuster und kruder Verschwörungstheorien«. Der Dresdner Soziologe Felix Schilk bescheinigt Jebsen anhand ausführlicher Analyse seines Beitrages »Zionistischer Rassismus« von 2012 »alle Formen des Antisemitismus«.[59, 60] Im Januar 2021 sperrt YouTube den Kanal KenFM, weil Videos dort »gegen unsere Covid-19-Richtlinien verstoßen haben«. Vorhergegangen waren eine Werbesperre im Mai 2020 und kurze Sperren im Herbst des Jahres.

Schon vor dem Rauswurf hatte sich Jebsen persönlich die Namensrechte an KenFM gesichert. Der ausstrahlende Sender rbb konnte den Sendungstitel nach der Trennung nicht weiter nutzen.

In allen Publikationen, in denen sich Jebsen darstellen darf, äußert er reichlich krude Gedanken. Zum Beispiel, wenn Kai Stuht,[61] Fotograf und offenbar Bewunderer, fragt, ob er sich denn impfen lassen würde: Fünf Sekunden Pause. Jebsen, der es schafft, 15 Worte in fünf Sekunden zu packen, schweigt, lächelt, schlägt die Augen wie in Zeitlupe nach oben. Auf Nachfrage verheddert er sich erst mal und sagt dann: »Niemand hat die Absicht, eine Mauer zu bauen – ab 5:45 wird zurückgeschossen – dieser Impfstoff ist getestet auf Nebenwirkungen.« Am Ende räumt er dann doch ein: »Ich bin kein Testkandidat, der sagt, wir haben hier einen Impfstoff aus einem Haus, an dem sich auf jeden Fall Bill Gates finanziell beteiligt hat, sonst, da nehme ich lieber den russischen Impfstoff.«

Ein weiteres Beispiel liefert Jebsen in einem Podcast der Moderatorin und Schauspielerin Annett Fleischer.[62] Sie weiß, Jebsen ist umstritten, macht aber kaum ein Hehl aus ihrer Bewunderung für den Gast: »Irgendwann, wenn man die Dinge hinterfragt, stößt man auf die Marke KenFM. KenFM ist zu einer Marke geworden, die hinterfragt, die tief leuchtet, die dem Mainstream nicht hinterherläuft.« Und dann sagt Jebsen: »Ich spiele mein Leben, das ist ein großes Spiel.«

Jebsen ist der wohl bekannteste und auch einflussreichste Verschwörungserzähler in Deutschland, aber ich werde in den nächsten Monaten noch anderen bekannten Köpfen begegnen. Fast alle schreien laut auf, wenn man sie mit dem Begriff »Verschwörungstheoretiker« oder politisch rechts einordnet.

Der Begriff **Verschwörungstheorie** wird in der öffentlichen Debatte kritisiert: Eine »Theorie« setzt wissenschaftliche Überprüfbarkeit und gegebenenfalls Widerlegung voraus. Beim Gemeinten handele es sich jedoch eher um ungestützte Behauptungen – Verschwörungserzählungen also, oder um tradierte Klischees: Verschwörungsmythen. Wir belassen es der Verständlichkeit halber bei der umgangssprachlichen »Verschwörungstheorie«.

Und es gibt unterschiedliche Schattierungen, aber für alle gilt: »Nichts ist, wie es scheint«. So beschreibt Michael Butter, der ein europäisches Forschungsprojekt zu Verschwörungstheorien leitet, die Szene. Er belegt, neben »mangelndem Vertrauen in die Politik ist der Glaube an Verschwörungstheorien ein Merkmal des populistischen Brodelns«. Sie seien »ein Indikator für die demokratiegefährdende Fragmentierung der Öffentlichkeit«.

»Verschwörung in der Krise« lautet der Titel einer repräsentativen Umfrage, die das »Forum Empirische Sozialforschung« der Konrad-Adenauer-Stiftung 2020 veröffentlicht hat. [63] Erhoben wurden die Daten schon in den Monaten vor dem Ausbruch von Corona. Es ist derzeit im Herbst 2020 das für die Bundesrepublik aktuellste Datenmaterial. Die Forschung zur Verbreitung von Verschwörungstheorien ist der Studie zufolge relativ jung, »obwohl das Phänomen alt und bedeutsam ist«. Dass Verschwörungs-Erzählungen nicht harm- und folgenlose Spinnereien sind, sondern im Extremfall fürchterliche Konsequenzen nach sich ziehen können, führt Autor Jochen Roose so aus: »Immer wieder werden Anschläge von durch Verschwörungstheorien angestachelten Tätern verübt, wie beispielsweise von Anders Breivik in Norwegen, dem Attentäter von Christchurch oder dem Attentäter von Halle.«[64] Kernpunkt der Studie ist die Frage, »ob geheime Mächte die Welt steuern«. 11 Prozent der Befragten antworteten, dies sei sicher richtig, 19 Prozent, dies sei wahrscheinlich richtig. Das bedeutet, dass fast ein Drittel der Befragten »zu der Annahme einer Weltverschwörung tendieren«.

Grundsätzlich, so die Studie weiter, »gibt es einen deutlichen Bildungseffekt. Das bedeutet aber keineswegs, dass nur Menschen mit formal niedrigen Bildungsabschlüssen an Verschwörungstheorien glauben.« Selbst bei Menschen mit Abitur und höheren Abschlüssen ist jeder »Fünfte der Ansicht, die Welt werde sicher oder wahrscheinlich von geheimen Mächten gesteuert«.

Die Corona-Krise wird über die nächsten Monate das bestimmende Thema in allen von mir intensiv genutzten Medien sein. Und ich werde von Tag zu Tag mehr lernen, was der Begriff alternative Medien im Klartext bedeutet. Und mir wird klarer werden, wie weit verzweigt diese Szene medial ist.

DIE BEDROHUNG DURCH DAS FREMDE

In allen alternativen Medien ist Gewichtung, Ausgleich und Auswahl eindeutig: Flüchtlinge, Migranten, Asylsuchende werden ausnahmslos als Bedrohung wahrgenommen. Immer wieder kocht neben Corona das Thema einer angeblichen »Übervölkerung« und die dadurch drohenden Veränderungen der deutschen Gesellschaft hoch. Wer aus dem Süden kommt und eine etwas dunklere Hautfarbe hat, ist grundsätzlich suspekt. Davon werden selbst in Deutschland Geborene nicht ausgenommen. Brutal wird im Herbst 2020 eine Berliner Politikerin angegangen.

Sawsan Chebli

hat palästinensische Wurzeln. Die SPD-Politikerin ist »Staatssekretärin für bürgerschaftliches Engagement und Internationales in der Berliner Senatskanzlei« und war unter Frank-Walter Steinmeier stellvertretende Sprecherin des Auswärtigen Amts.

Die streitbare SPD-Frau gehört schon seit Längerem zu den erklärten Feindbildern in den alternativen Medien. Schon im Dezember 2017 hatte Compact-Chefredakteur Jürgen Elsässer seine Position zu #metoo deutlich gemacht. »Jeder Mann mit mittlerem Hormonspiegel muss zugeben, dass er die Palästinenserin nicht von der Bettkante stoßen würde.« Nachzulesen auf Seite 66 in »Das Beste aus Compact«. [65]

Diese Unverschämtheit ging 2017 und auch später bei der Wiederauflage des Textes in einem Jahrbuch 2020 unter, doch was Stefan Paetow Ende August 2020 bei Tichys Einblick schreibt, führt zu öffentlicher Empörung: »Nicht zu fassen« ist der Titel eines zweiseitigen, als Satire bezeichneten »Monatsrückblicks«. Und in der Tat ist der sexistische Ausdruck, der hier wegen seiner Geschmacklosigkeit nicht wiederholt werden soll, nicht zu fassen. [66] Chefredakteur Tichy, der für die Seite redaktionell verantwortlich zeichnet, gerät unter Druck. Diesmal ist es nicht nur ein Shitstorm im Netz. Zum Shitstorm kommt den September über breit gefächerte Kritik, vor allem aus CDU und CSU. »Dorothee Bär tritt Lawine los«, fasst der Merkur zusammen. [67] Sie greift Tichy, der auch Vorsitzender der Ludwig-Erhard-Stiftung ist, direkt an.

Die Ludwig-Erhard-Stiftung
soll das wirtschaftspolitische Vermächtnis des früheren Bundeskanzlers Ludwig Erhard und seine Idee der sozialen Marktwirtschaft aufrechterhalten und weiterführen. Tichy war dort bis wenige Wochen nach dem Eklat Vorstandsvorsitzender. Schon 2018 hatte es um ihn eine Kontroverse innerhalb der Stiftung gegeben. Damals hatte Friedrich Merz die Annahme des von der Stiftung verliehenen Ludwig-Erhard-Preises abgelehnt. Seine Begründung: die publizistischen Aktivitäten des Vorstandsvorsitzenden Roland Tichy.

Die Staatsministerin und Digitalisierungs-Beauftragte im Kanzleramt Dorothee Bär verlässt daraufhin die Stiftung, Bundesgesundheitsminister Jens Spahn und der CDU-Politiker Carsten Linnemann lassen ihre Mitgliedschaften bis auf Weiteres ruhen. Schon am 24. September kündigt Tichy an, sich nicht zur Wiederwahl im Oktober zu stellen. Er wollte sich ohnehin nicht wieder zur Wahl stellen, lässt er die Leser in einem Interview des Fachmagazins Meedia dann wenige Wochen später wissen. [68]

Wie er selbst zu dem Vorgang steht, ist widersprüchlich, nicht greifbar, eben ›nicht zu fassen‹. Mal ist er kleinlaut, mal gibt er sich nachdenklich, mal zynisch.

Im Meedia-Interview lässt er wissen, er habe sich »zu Wasser, zu Lande und in der Luft entschuldigt.« In der Folgeausgabe 11/20 kommt die Redaktion noch einmal auf die Entgleisung zurück und zitiert Leserzuschriften, die der Zeitschrift den Rücken stärken. [69] »Die künstliche Aufregung ist schnell vorbei, die Probleme, die Tichys Einblick analysiert, nicht. Also bitte einfach weitermachen!« Oder prominent am Ende des Artikels: »Vielleicht werden sie ja in einigen Wochen eher schmunzeln, wenn Sie Ihre Auflagen betrachten ...« 350 Artikel haben Tichy und seine Mitarbeiter zu dem Thema innerhalb weniger Wochen gezählt. Der folgende Interview-Ausschnitt ist typisch für die Argumentation des Herausgebers: »Ich habe es meinen Gegnern zu leicht gemacht, und die haben ihre Chancen genutzt. Am besten hat das vielleicht der Henryk Broder formuliert. Da wurde ein Furz zum Fackelzug aufgepumpt.«

Der Publizist und Meinungsmacher Tichy sieht sich nicht ohne Genugtuung im Mittelpunkt einer öffentlichen Debatte.

OPPOSITION ALS GRUNDPRINZIP

»Ich bin immer dagegen.« – Dieses Tichy-Zitat ist die Überschrift eines umfangreichen Interviews, das der Medien-Fachdienst Meedia in der Ausgabe vom 20. Oktober mit ihm führt. [70] Tichy wehrt sich hier massiv dagegen, als »rechtspopulistisch« eingestuft zu werden. »Das ist ein Kampfbegriff«, so Tichy, »nennen Sie mir eine nationalistische Passage oder etwas, von dem man sagen kann, es sei völkisch.«

Der studierte Volkswirt hat eine lange und erfolgreiche Karriere in den deutschen Medien hinter sich, war Chefredakteur bei einflussreichen Wirtschaftsmagazinen und häufiger Gast in Talkshows. Er ist belesen, argumentiert klar und verständlich. Und er ist ein humorvoller Gesprächspartner, was es einem, wie der Journalist Roman Pletter 2017 in der Zeit schreibt, »schwer macht, diesen Mann nicht zu mögen« [71]. Er kann zuhören, schnell und präzise argumentieren, »er sucht den Streit, will aber gemocht werden«, so beschreibt es Pletter. In Bayern, wo Tichy geboren und aufgewachsen ist, gibt es dafür den charmanten Ausdruck »Grantler«. Doch es ist bei ihm mehr als das Knurrige und Murrende, was das Granteln beschreibt. Er tritt brummelnd, aber objektiv auf und trifft die Empfindungslage eines unzufriedenen Bürgertums. Dabei bespielt er das rechte Themenspektrum mit der Forderung nach restriktiver Migrationspolitik oder einer deutlich überzogenen Kritik an der Corona-Politik oder der Kanzlerin. Auch wenn er dies vermutlich nie unterschreiben würde: Er ist zu intelligent, um dies nicht zu wissen.

Nach seinem Abgang bei der Wirtschaftswoche 2015 widmete er sich intensiv dem schon vorher von ihm etablierten Blog: »Tichys Einblick«. Der Tonfall in dem nach eigener Definition liberal-konservativen Blog hat sich über die Jahre deutlich verschärft. Die klaren Feindbilder: die Bundeskanzlerin und die Bundesregierung. In den Monaten, in denen ich täglich den Newsletter und die Printausgaben von Tichys Einblick und auch das Online-Angebot gelesen habe, gab es nahezu ausnahmslos harsche, abfällig formulierte Kritik. Er selbst konterkariert dies mit dem Hinweis, »die Königsdisziplin des Journalismus sei Regierungskritik«. Dem Satz kann man nicht widersprechen.

Doch der Tonfall bedient nicht nur kritische, konservativ-bürgerliche Milieus, er trifft das Denken vieler Unzufriedener in diesem Land. Unzufrieden wie AfD- und Pegida-Anhänger, wie die Gegner der Corona-Politik. Themen wie »Fünf Jahre Grenzöffnung – die ungeschönte Bilanz« oder »Falsche Politik befeuert den Klimawandel« bestätigen deren Weltbild.

Die Grünen-Politikerin Claudia Roth sagte in einem Interview mit der Augsburger Allgemeinen vom 20. Oktober 2019, Tichys Einblick sei eine »neurechte Plattform«, deren »Geschäftsmodell auf Hetze und Falschbehauptungen« beruhe.[72] Bei einem Gerichtsverfahren mit dem Ziel, diese Aussage zu verbieten, ist Tichy gescheitert. Das Oberlandesgericht Stuttgart hat in seinem Urteil zwar nicht den Inhalt der Aussage von Claudia Roth gewertet, aber deutlich gemacht, dass das Zitat nicht als Tatsachenbehauptung einzustufen, aber als Meinungsäußerung zulässig sei.[73]

Tichy gehörte in den frühen Neunzigerjahren zu einem Beraterstab, der Hörfunk und Fernsehen der DDR reformieren sollte. Aus dieser Zeit stammt wohl die Antwort auf die Frage, was ihm später einmal nachgesagt werden solle: »Er hat das Sandmännchen gerettet.« Das wird sicher nicht das Einzige sein, was man ihm nachsagen wird.

II

DIE REALITÄT WIRD AUSGEBLENDET, WENN SIE NICHT INS DENKEN PASST

DAS ANGEBLICHE ENDE DER MEINUNGSFREIHEIT

Ein bekanntes Fernsehgesicht lächelt mich Anfang November von der Titelseite der Jungen Freiheit an. »So werden wir manipuliert«, ist der Titel des Artikels dazu auf der prominenten Seite drei.[1] Peter Hahnes Foto auf der ersten Seite verspricht Auflage. Er war eines der bekanntesten Gesichter des ZDF, unter anderem Präsentator der Hauptnachrichten »heute« und als politischer Journalist in verschiedenen, verantwortungsvollen Positionen. Der konservativ orientierte Diplomtheologe war bis zu seinem Ausscheiden beim ZDF 2017 ein einflussreicher Vertreter der »System-Medien«. Mit seiner 2005 erschienenen Streitschrift gegen die Spaßkultur »Schluss mit lustig« führte er fast ein Jahr lang die deutschen Bestsellerlisten an.[2]

Politik und Journalismus fänden nicht mehr im realen Leben statt, beklagt sich Hahne jetzt in der Jungen Freiheit. Ihn stört die angebliche Umetikettierung konservativer Positionen, eine in allen vergleichbaren Blättern häufig zu lesende Beschwerde: »Was vor zehn Jahren normal war, wurde durch Sprachpolizei und ›Haltungsjournalismus‹ erst als ›konservativ‹ umetikettiert, dann als ›rechts‹, und heute ist es ›Nazi‹. Und mit dieser Keule wird alles erschlagen.« Und er kommt zu dem Schluss: »Eigentlich müsste das Volk aufschreien.« Auch bei Hahne ist es die Umkehrung der Verhältnisse, die erschreckt. Er beklagt sich über Kritik, verbreitet aber selbst die Mär von einem Land, in dem man/er seine Meinung nicht mehr sagen dürfe, die er hier gerade herausposaunt, ganz abgesehen davon, dass er dafür jederzeit einen Verleger findet. Sein neuestes Werk wird sich in der Vorweihnachtszeit 2020 prominent im Eingangsbereich deutscher Buchhandlungen stapeln.

Dass man seine Meinung nicht mehr sagen darf, wird immer und immer wieder behauptet, auch noch mal Anfang Dezember in der Ausgabe 52/20 der Jungen Freiheit. Es wird ein Zerrbild von Medien gezeichnet, die »regierungsfreundlich erziehen« wollen. »In Berlin verstehen sich Medien anders: als Betreuer für die Menschen, die gesünder essen, klimabewusster leben, politisch korrekter reden und gegen rechts kämpfen wollen. Tun sie das nicht, werden mediale Entrüstungsstürme entfacht, Abweichler an den Pranger gestellt.«[3]

Für den ehemaligen Bild-Chefredakteur Peter Bartels ist das schon so schlimm, dass er im Dezember 2020 einen Brief aus seiner Anderswelt ans Christkind schreibt: »Ich wünsche mir Journalisten, die uns nicht mehr in Moralin-Jauche baden, bevor sie uns befehlen, was sein soll.«[4] Journalisten heute würden »nicht nur aus Versehen lügen: geplant, gezielt, gerissen ... Und alle, ohne rot zu werden, weil sie ja längst dunkelrot sind oder giftgrün.« »Liebes Christkind«, fleht der Ex-Bild-Mann, mit dem anscheinend der Heilige Geist durchgeht, den er herbeisehnt: »Liebes Christkind, kannst Du den Heiligen Geist nicht noch mal mit dem Feuer der Erkenntnis schicken, wie damals, Pfingsten in Jerusalem? Egal, ob die Journalisten danach im Zungensprech lallen oder stammeln.«

Und so wünscht sich Bartels kluge, kritische Journalisten,

nämlich »Matthias Matussek, Max Erdinger, Michael Klonovsky, Boris Reitschuster, Henryk M. Broder, Roland Tichy oder Jürgen Elsässer«. Und Verleger, schiebt Bartels hinterher, »wie Götz Kubitschek oder Jochen Kopp«. Erschienen ist dieser Brief ans Christkind in dem eindeutig rechtsextremen Politically incorrect.[5]

Roland Tichy lässt unsere Interview-Anfragen unbeantwortet. Peter Hahne sagt freundlich ab und setzt auf Nachfrage hinzu, unsere Arbeit beobachtet zu haben. Zu beiden haben wir zu ihren »Mainstream«-Zeiten gut kollegiale, auch freundschaftliche Beziehungen gehabt. Es stimmt uns nicht zuversichtlich, dass wir mit Tichy, Hahne, Elsässer, Matussek und Sarrazin bei einem skurrilen Ensemble landen, das nicht anders ausgesehen hätte, wenn wir einfach »alte weiße Männer« gesucht hätten.

> FK: Du warst ja fast dein ganzes Leben an der Nachrichtenfront. Kannst du diese Gedanken nachvollziehen?
> HD: Beim besten Willen nicht. Mich erschreckt das, vor allem die Böswilligkeit, der bittere Ton vieler, die bis zur Rente oder zum Rauswurf mittendrin waren im Geschehen. Ist – seit Hahne weg ist – plötzlich alles anders beim ZDF, ist bei der Wirtschaftswoche alles anders, seit Tichy dort nicht mehr schreibt, ist der Spiegel ohne Matussek neuerdings regierungskonform?
> FK: Aber Spiegel ist doch ein gutes Stichwort. Relotius.
> HD: Ja und es gibt auch noch die Stichworte bei verschiedenen TV-Magazinen oder die Hitler-Tagebücher beim Stern. In all diesen Fällen haben die Kontrollinstanzen eindeutig und, was noch schlimmer ist, viel zu lange versagt. Es waren aber auch so etwas wie Selbstheilungskräfte am Werk. Ich will sicher nicht behaupten, dass im deutschen Journa-

lismus alles perfekt ist. Aber bewusste Lüge ist dort nicht, wie suggeriert wird, an der Tagesordnung. Ich habe mit einer Ausnahme immer mit seriösen Kollegen, seriösen Chefs und seriösen Mitarbeitern gearbeitet.

FK: Jetzt will ich wissen, wer der oder die Unseriöse ist.

HD: Michael Born. Aber bei uns hat er sich bei einem Fake-Versuch einfach nur dumm angestellt, und wir haben uns getrennt. Übrigens hat sich auch Udo Ulfkotte, langjähriger FAZ-Redakteur und später Starautor im Kopp-Verlag, mal bei mir vorgestellt zu meiner Zeit bei n-tv. Er wollte uns die Geschichte eines amtierenden deutschen Ministers verkaufen, jemand, den ich auch persönlich gut kannte und der zu den honorabelsten Berliner Politikern gehörte. Eben jener sollte Dauergast in einem Berliner Kinderbordell sein, dorthin gebracht vom Chauffeur in der Minister-Limousine. Bewacht von seinen Personenschützern. Als ich ihn nach Beweisen fragte, meinte er, das wisse doch in Berlin jedes Kind. Gerade die Formulierung »das wisse doch jedes Kind« in ihrer ganzen Geschmacklosigkeit ging mir wochenlang durch den Kopf.

FK: Was passierte dann?

HD: Meine Rückfrage zu den Beweisen wurde von ihm schon als Beleidigung empfunden, und und ich meine, er verabschiedete sich mit den Worten: Ihr Journalisten habt keine Eier mehr.

Aber eigentlich wollte ich noch etwas Generelles sagen. Auch Journalisten machen Fehler, recherchieren mal schlampig, können eitel sein und dazu neigen, sich wichtig zu nehmen. Und da nehme ich auch mich nicht aus. Aber die Meinungsbandbreite in den verunglimpften Medien der »Systempresse« von der Bildzeitung bis zur taz ist doch groß und im Gegensatz zu allem, was ich in den Alternativmedien lese, durch Recherche gedeckt und nicht ausschließlich Meinung oder gar Hass.

FK: Du bist jetzt knapp zwei Monate in dieser Anderswelt, magst du deine ersten Eindrücke zusammenfassen?

HD: Das alles ist sehr viel anstrengender, als ich es mir ursprünglich vorgestellt habe. Das sind sicher die oft extrem langen Videos, die einfach unglaublich viel Zeit fressen, und wo ich mich frage, wer schaut sich das denn an. Aber das für mich Schlimmste ist diese Unmenge an Hetze, das kann man leider nicht anders sagen. Das mag vielleicht erträglich sein, würde man ähnlich denken. Wenn man von außen in die Anderswelt kommt, stößt es ab, erdet aber auch.

FK: Also keine Gefahr, abzugleiten? Ich werde dich wahrscheinlich nicht in einigen Monaten in der Jungen Freiheit lesen?

HD: Es gab offen gestanden schon erste Zweifel an den Mainstreamern, gerade was zum Beispiel die Zahlen bei den Anti-Corona-Demos anging. Ich glaube auch, dass man da nicht jeden Zweifler von vornherein verfemen darf. Aber Vorsicht ist geboten bei denen, die mit professionellem Sachverstand diese Verunsicherung anheizen. Das lässt mich eher fassungs- und orientierungslos zurück. Vielleicht klingt das jetzt arrogant. Im Gegensatz zu den meisten Lesern dieser Publikationen kann ich mich gegen Infiltration und Lügen wehren. Auch weil ich es will. Aber was ist mit denen, die ohnehin schon zu den Unzufriedenen gehören und das alles glauben, weil sie es glauben wollen?

FK: Keine Gefahr?

HD: Keine Sorge, aber du wirst in den nächsten Wochen sicher den ein oder anderen verzweifelten Anruf bekommen. Nur um mich wieder einzuordnen, zu eichen und mir ein Stück Verzweiflung zu nehmen.

Lassen wir den Ex-Spiegel-Kulturchef mit einem Tweet dieses Kapitel beenden: Matussek schreibt da am 6. Januar 2021: »Man darf wohl konstatieren: die medialen Putztruppen der Regierung (#AnneWill, ÖR. #FAZ, SZ etc.) haben ihre journalistische Glaubwürdigkeit verspielt, während die Alternativen (#Tichy, Achse, #Cato, Tumult, Boris Reitschuster, #Hallo Meinung) auf ganzer Linie gewonnen haben.« [6]

Bei aller Bedrohung, die ich tagtäglich in den von Matussek hochgelobten Publikationen empfinde: Das ist dann doch unter Fake News einzuordnen. Oder unter Hybris.

DONALD TRUMP AUS DER SICHT DER ANDERSWELT

So also sieht es im Tunnel aus. Es ist Donnerstag, der 5. November 2020, neun Uhr morgens. Zwei Tage nach der US-Wahl. Es gibt immer noch kein Ergebnis. Aber in den Medien, die ich lese, wird unisono ein großer Sieg von Donald Trump verkündet.

Und mein festes Weltbild, dass die Vereinigten Staaten von Amerika von einem fachlich und charakterlich unfähigen Präsidenten regiert werden, wankt. Es verschwimmt nach knapp zwei Wochen Bedröhnung durch Junge Freiheit, Compact, Politically incorrect, RT Deutsch, durch die Herren Tichy, Elsässer, Jebsen, Stein, Mross und viele andere. Mein Weltbild wackelt tatsächlich, und ich frage mich, ob die deutschen Medien nicht doch vier Jahre lang ein einseitiges Bild des US-Präsidenten gezeichnet haben. Ich habe Trump als unfähig, als unflätig, als Lügner wahrgenommen. Doch die Hälfte der US-Wähler unterstützt ihn. Und hier in diesen Texten, in der Anderswelt, wird Trump geradezu zum Messias hochgejubelt.

Was ich aus den letzten Wochen vor meiner Quarantäne aus den Mainstream-Medien mitgenommen habe, ist, dass die Tage des amtierenden US-Präsidenten mit Sicherheit gezählt sind. Der 77-jährige Joe Biden ist zwar kein mitreißender Kandidat, wie es Kennedy, Clinton oder Obama waren, aber immerhin ein solider Handwerker mit politischer Moral und menschlichem Anstand. Biden liegt um die zehn Prozent vorne, und trotz des anachronistisch-absurden Wahlsystems scheint der Sieg der Demokraten unabwendbar.

So gestimmt, stürze ich mich in die Lektüre der »alternativen« Medien. Hier ist der Präsident fundamental anders. Es finden sich wenige Fakten, aber Meinung, Meinung, Meinung: Trump hat die Wirtschaft gepusht, die Pandemie im Griff und ist auf dem besten Weg zu einem spektakulären Sieg über einen Loser namens Biden.

Ein Blick zurück zum 25. Oktober. Es sind noch zehn Tage bis zur US-Wahl. Bisher habe ich noch relativ wenig in allen beobachteten Medien dazu gefunden. Das Thema ist weiterhin Corona. Dazu gibt es wenige Zahlen, noch weniger Fakten, es wird Panik geschürt. Also genau das, was umgekehrt AfD und rechte Medien dem Mainstream und der Regierungspolitik vorwerfen. Headlines wie »Top-Ökonomen warnen vor neuem Lockdown« oder »Corona und der Polizeistaat« aus den MMnews vom 16. [7] und 18. Oktober [8] malen Bilder einer düsteren Zukunft und schüren Ängste. Die US-Wahl findet – noch – nur am Rande statt. Eine kontinuierliche Auslandsberichterstattung gibt es ohnehin nicht.

Am Bahnhof bin ich heute auf der Suche nach dem Thema US-

Wahl dann doch fündig geworden. Die Junge Freiheit [9] verspricht insgesamt zwölf Seiten zum »High noon«, so der Titel des großen Aufmachers auf der Titelseite. Seite neun ziert eine halbseitige blau-weiß-rote Zeichnung mit einem zufriedenen, breit grinsenden US-Präsidenten. [10] Der Artikel dazu: »Versprochen und gehalten«.

Autor Ronald Berthold stellt eine klare Frage: »Selten sah sich ein führender Politiker so dauerhaft dem Trommelfeuer von Presse und politischen Gegnern im In- und Ausland ausgesetzt. Ist die unaufhörliche, zum Teil hasserfüllte Kritik berechtigt?« Der erste Blick auf die Seite zeigt 13 Politikfelder, dabei u. a. Einwanderung, Steuern, Wirtschaft: bei neun Punkten sind grüne Häkchen, zwei rote bei Pandemie und Staatsverschuldung, zwei »Enthaltungen«. Also eine erfolgreiche Amtszeit, prägnant und plakativ dargestellt. Das ist professionell gedacht und gemacht. Die Wertungskriterien sind dann aber bei genauerem Hinsehen deutlich andere, als sie die meisten internationalen Medien setzen würden. Der begonnene Mauerbau an der Südgrenze wird genauso grün abgehakt wie der Ausstieg aus dem Pariser Klima-Abkommen oder der »Triumph«: »Ein bleibender Triumph bleibt, unabhängig von seiner Wiederwahl, die Besetzung des Obersten Gerichts. Trump konnte in seiner ersten Amtszeit drei neue konservative Richter auf Lebenszeit einsetzen.« Trump sagt laut Junger Freiheit, er sei der einzige Kandidat, »der mehr gehalten hat als im Wahlkampf versprochen«. Aus dem Blickwinkel der Anderswelt stimmt das auch.

JOURNALISMUS À LA AFD

Beim täglichen Blick auf meine YouTube-Empfehlungen fällt mir Beatrix von Storch in einer neuen Rolle auf. Zumindest in einer Rolle, in der ich sie in meiner Nachrichtenwelt bisher noch nicht kennengelernt hatte: der einer Journalistin und Interviewerin. »Freie Welt TV« nennt sich ihr YouTube-Kanal, der seit 2017 im Wesentlichen als Plattform für die Interviews der AfD-Politikerin dient.

Im Impressum der dazugehörigen Website stellt sich »Freie Welt TV« vor: »Durch die Auswertung von vielfältigen nationalen und internationalen Quellen will ›FreieWelt.net‹ dem Nutzer ein möglichst objektives Bild des Gesamtgeschehens zeigen«. [11] Wie Herausgeber und Ehemann Sven von Storch dieses »objektive Bild« sieht, wird aus den Titeln der einzelnen Interviews und der Auswahl der Interviewpartner deutlich: »Rassismus – das neue Kampfmittel der Kulturmarxisten«[12], »Deutschland ist Spitzenreiter im Gutmenschentum«[13], »Wir haben die unfähigsten Politiker, die je in Amt und Würden waren«[14], »Die Herrschaft der Unfähigen – Ein Parteiensystem am Ende«.[15] Die Interviewpartner reichen von Gloria von Thurn und Taxis über Norbert Bolz bis zu Nigel Farage. Steve Bannon ist selbst in diesem Umfeld ein Coup, und sein Blick auf die bevorstehende US-Wahl wäre auch für jedes andere Medium in diesen Tagen interessant. [16]

Beim Lesen der YouTube-Ankündigung wird mir wieder klar, wie schnell ich in die Tiefen dieser Anderswelt geraten bin: »Der Ausgang der US-Wahl im November 2020«, heißt es, »wird entscheidend für die gesamte Welt sein. Die Freiheit steht weltweit auf dem Spiel, weil die Neo-Marxisten im Gewand der Globalisten überall nach der Macht streben und ein Land nach dem anderen in einen sozialistischen Technologie-Gulag verwandeln wollen. Beatrix von Storch spricht in einem Exklusivinterview mit Steve Bannon, der als politischer Aktivist und ehemaliger Chefstratege von Präsident Trump Insider-Einblicke in den US-Wahlkampf gibt.« Neo-Marxisten, die im Gewand der Globalisten alle Länder in sozialistische Technologie-Gulags verwandeln? Was könnte damit gemeint sein? Auch nach gut zwei Monaten in der Anderswelt erschließt sich mir diese Ankündigung nicht.

Eine der zentralen Fragen wird die Gefahr eines Staatsstreichs gegen Trump sein. »Die Folgen eines Putsches durch die Globalisten gegen Trump würden zerstörerische Folgen auf unsere Gesellschaft haben. Überall verschweigen die Mainstream-Medien diese wichtigen Fakten. Freie Welt TV schweigt nicht.«

Kann das wirklich jemand ernst nehmen? Ein Staatsstreich der Demokratischen Partei? Aber erst einmal wird das Spendenkonto für Steve Bannons Verteidigung in einem aufwendigen Gerichtsverfahren eingeblendet. Bannon ist am 20. August dieses Jahres, also 2020, auf seiner Jacht verhaftet worden. Die Staatsanwaltschaft in New York wirft dem ehemaligen Strategiechef und Vertrauten von US-Präsident Trump Spendenbetrug und Geldwäsche vor. [17]

> **Faktencheck**
>
> Zum Zeitpunkt des Interviews mit Frau von Storch ist Steve Bannon gegen Zahlung einer Kaution von fünf Millionen Dollar auf freiem Fuß. [18] Der Prozess war terminiert für Mai 2021. An seinem letzten Tag im Amt hat Donald Trump Bannon begnadigt. Dies ist ein Fall, wie er nur selten in der US-Geschichte vorkommt. Im Regelfall werden Verurteilte begnadigt, nicht Angeklagte, die auf ihren Prozess warten. Begründet wird dies mit einem simplen Satz: Mr. Bannon

has been an important leader in the conservative movement and is known for his political acumen. Kurz übersetzt heißt das: Bannon ist einer von uns und bekannt für seinen politischen Scharfsinn. Leicht zu finden im öffentlich zugänglichen Archiv des White House. [19]

Und Frau von Storch beginnt das Interview mit einer einfachen Frage: »Sind Sie schuldig?« Darauf Bannon: »Der tiefe Staat will mich zu Fall bringen. Ich bin kein Verschwörungstheoretiker. Aber über meine ganze Karriere hinweg habe ich die Wahrheit ausgesprochen. Über das, was wirklich passiert.« Auf den Vorwurf der Anklage geht er nicht ein. Der Begriff »tiefer Staat« wird in den nächsten Wochen in unterschiedlichen Konstellationen, aber immer als Inkarnation der bösen Mächte, der Eliten, noch öfter auftauchen.

Der tiefe Staat oder deep state
ist der zentrale Kampfbegriff vieler Verschwörungstheoretiker und bezeichnet eine Gruppe, die im Hintergrund die Regierungen fremdsteuert. Dahinter steht die Idee, dass demokratisch gewählte Politiker nicht entscheidungsfähig seien, weil sie von dunklen Mächten gesteuert würden. Der Glaube an diese Macht im Hintergrund, den deep state, ist zum Beispiel Teil der Theorie der QAnon-Anhänger, wonach mächtige Pädophile die Welt regieren würden. [20] Die angenommene Zusammensetzung dieses »deep state« ist je nach Gruppe verschieden. Der Investor und Multimilliardär George Soros ist wahrscheinlich der am häufigsten Genannte, auch Bill Gates, sonst sind es wechselnde, meist nicht genau definierte, absurde Verbindungen aus Wall-Street-Bankern, »Bilderbergern«, Neokonservativen und Linksex-

tremisten.[21] Eine breite Öffentlichkeit lernte den Begriff erstmals kennen, als 2017 ein Attentäter eine Pizzeria in Washington stürmte, weil er einer Verschwörungstheorie auf den Leim ging, dass dort ein Kinderpornoring agiere, in den auch die Präsidentschaftskandidatin Hillary Clinton verwickelt sei.[22]

Bannon, etwas längere Haare, fülliger und besser angezogen als zu seiner Zeit im Weißen Haus, zeichnet ein Amerika-Bild, das mir zumindest neu ist. Wörtlich: »Ich konzentriere mich auf den Bürgerkrieg, der kommen wird in den Vereinigten Staaten, ausbrechen wird, denn die Linke wird die Wahlen gegen Donald Trump verlieren und dann versuchen, den Wahlsieg zu stehlen.« Frau von Storch nickt dazu, wohlwollend. Bei professionellen Interviewern gilt dies als Todsünde. Doch Frau von Storch, anders kann ich das nicht formulieren, wirkt wie ein verliebter Backfisch. Bannon wörtlich in diesem Interview vom 2. September: »Donald Trump wird ... massiv am entscheidenden Tag, dem Wahltag, gewinnen.«

Er entwirft ein Szenario, in dem »etwas ganz Einmaliges in der amerikanischen Geschichte« passieren wird. Ihm zufolge haben die Demokraten in ihrer »juristischen Kriegsführung« schon 800 Anwälte bestellt, um die Rechtmäßigkeit der Trump-Wahl anzugreifen, finanziert von der Kommunistischen Partei Chinas. Und Frau von Storch bestätigt: »China ist ja wohl involviert.« Bannon ist in seiner Argumentation klar, in der Körpersprache verhalten aggressiv, und er kommt immer mehr in Fahrt: »Man sollte über echte Macht, über den Hegemon reden, über die Kommunistische Partei Chinas, die im Grunde Deutschland mit ausgeweidet hat«, und weiter: »Die Deutschen verstehen auch, dass die Davos-Gruppe mit der KPC unter einer Decke steckt. Die KPC und Leute wie Soros …, die das chinesische Sklavenarbeiter-Modell mögen, und die Leibeigenen, die aus der Arbeiterklasse rund um die Welt geschaffen worden sind. Diese Leute unterstützen die Gegner von Donald Trump.« Dass politische Kontrahenten dann zwischendurch als Kakerlaken bezeichnet werden, überhöre ich beinahe.

Bannon strahlt Kraft aus, Überzeugungskraft. Er entwickelt auf der Basis seiner Annahmen und Theorien ein in sich schlüssiges Bild, das nur dadurch nicht an die Öffentlichkeit gelangt, weil die Medien, die mit allen linken Verschwörern unter einer Decke stecken, dies verhindern. Vieles von dieser Erzählung findet sich in all den Texten, mit denen ich mich derzeit umgebe.

Bannons Welt ist wirklich eine »Anderswelt«, und seine Stichwortgeberin nickt und nickt und nickt. Laut Bannon hat die neue Linke eine »heilige Dreieinigkeit von Dingen, die sie zerstören wollen«. Sie will das Patriarchat abschaffen und das als rassistisch verunglimpfte Amerika in seiner heutigen Form zerstören und die Klimapolitik verschärfen, für den Trump-Freund eine »neuheidnischen Theologie, die nicht mehr in Frage gestellt werden darf«.

Bannon wird dann noch mal deutlich: »Trump wird am 3. November gewinnen. Das ist nicht mehr zu ändern. Wir werden keine illegale, ungewählte oder illegitime Junta erlauben, an deren Spitze ein Mann steht, der sich im Anfangsstadium der Demenz befindet.«

Und am Ende macht er der deutschen Politikerin ein Kompliment: »Ich bin ein großer Bewunderer von dem, was Sie tun. Es ist einfach großartig.« Beatrix von Storch lächelt selig.

Finanziert wird Freie Welt TV

von der »Zivile Allianz e.V.«, die mit einem großformatigen Foto des Storch-Ehemanns Sven um Spenden für »unabhängigen Journalismus« wirbt. Über EC-Lastschrift, PayPal oder Überweisung. Und im Kleingedruckten: »Die zivile Allianz e.V. ist kein gemeinnütziger Verein und kann daher keine Zuwendungsbestätigung (Spendenbescheinigung) ausstellen.« [23]

So wie ich gerade beim Surfen auf Frau von Storchs Interview gestoßen bin, komme ich beim Blättern und Surfen immer mehr vom Hölzchen aufs Stöckchen, stecke tief in einem mir immer weiter verzweigt scheinenden Dickicht, in dem immer wieder alte Bekannte, Bekannte aus meinem Medienumfeld auftauchen. Dirk Müller beispielsweise finde ich in einer Anzeige des Kopp-Verlags zu einem Online-Kongress »Wie mit Corona die Welt verändert wird«.

Müller wurde vor gut zwanzig Jahren bekannt als Mister DAX, als das Gesicht der Börse, weil er bei vielen Einstellungen im Fernsehen vor der DAX-Tafel im Frankfurter Börsensaal im Bild saß. Er war, ähnlich wie Michael Mross, gefragter Interviewpartner, vor allem bei Nachrichtensendern, wenn es um das Thema Geldanlage ging. In dieser Anzeige taucht auch der umstrittene Autor Thor Kunkel auf: »Auch und gerade in der Corona-Krise«, so wird er hier zitiert, »manipulieren die Massenmedien die Bürger im Sinne der Herrschenden.« Und ein früherer Spitzenpolitiker, das SPD-Mitglied Andreas von Bülow, der unter Helmut Schmidt Forschungsminister war. Er wird so zitiert: »Schon seit Jahren experimentiert Gates in Afrika und Asien heimlich mit Massenimpfungen.« Auf dem hier angekündigten Kongress wird er die Frage stellen: »Nutzt Bill Gates ›Corona‹, um einen totalitären Gesundheitsstaat aufzubauen?«

MEISTER DER SELBSTINSZENIERUNG

Zurück zum Kiosk und zur US-Wahl: Compact titelt: »Iron Man«.[24] Keine große Überraschung, wer damit gemeint ist. Aber bevor wir zur Trump-Hymne kommen, stellt sich erst einmal Chefredakteur Jürgen Elsässer auf Seite drei mit einem Foto vor: Weißes Hemd, offener Kragen, graue, etwas längere, nach hinten gekämmte Haare, Dreitagebart. So weit, so normal. Der Blick an der Kamera vorbei, den Kopf angelehnt an die rechte Hand, der Daumen gräbt sich leicht in die Wange, und – man glaubt es kaum – er hat eine Zigarette in der Hand. Zigarette, das habe ich wahrscheinlich das letzte Mal auf einem offiziellen Foto bei James Bond in den Achtzigern gesehen. Natürlich ist die Zigarette auf dem Foto ein Statement: das des Nonkonformisten, des Rebellen.

Elsässer ist, wie schon gesagt, die treibende Kraft bei Compact. Das Blatt wird seit März 2020 vom Verfassungsschutz als Verdachtsfall eingestuft. Er ist beliebter Gast bei Mahnwachen und Pegida-Veranstaltungen. Er hat sich laut taz[25] im Richtungsstreit der AfD klar positioniert: »Die einzigartige Chance AfD darf nicht verspielt werden«, wird er zitiert. »Ihr braucht die ganze Spannbreite, von der wunderbaren Alice Weidel bis zum wunderbaren Kämpfer Björn Höcke.«

Zurück zum Sonderheft zur US-Wahl, das etwa zeitgleich erscheint: »Iron Man – Endkampf um Amerika«. Tief dunkelblauer Hintergrund, leicht heller werdend nach unten. Blau schafft Vertrauen, so eine unbestrittene Erkenntnis der Farbpsychologie, und der zarte Verlauf verstärkt, so zumindest die Argumentation vieler Art-Direktoren, genau diesen seriös-vertrauensbildenden Eindruck.

Wieder einmal wird deutlich, hier sind Profis am Werk. Trump raumgreifend auf dem Titel: Dunkelblaues Sakko, diamantbesetzte Manschettenknöpfe, am linken Arm blitzt eine goldene Uhr. Das Haar perfekt geföhnt, die Mundwinkel leicht nach unten und ein stahlharter Blick, der skeptisch aggressiv in die Ferne geht. Kein Typ, mit dem man ein Bier trinken gehen will, aber einer, der offensichtlich den Feind im Blick hat.

Beim Zurückblättern fällt mein Blick nochmals auf das Elsässer-Foto mit der Zigarette: auch dieser Blick knapp an der Kamera vorbei in die Ferne, weniger aggressiv, dafür mit dem melancholischen Hauch des Denkers.

Jürgen Elsässer

kommt ursprünglich aus dem linken Spektrum. Er war Autor, Redakteur und Mitherausgeber verschiedener linksgerichteter Zeitungen wie Arbeiterkampf, Bahamas, Jungle World, junge Welt, konkret und Neues Deutschland.[26] Bevor sich Elsässer der politischen Rechten zuwandte, war er einer der prominentesten Vertreter der »Antideutschen« und Wortschöpfer des Namens. Ab Mitte der 2000er lässt sich bei ihm jedoch die rechte Tendenz entdecken: Er gibt rechtsextremen Medien Interviews und schreibt in der linken Jungen Welt gegen »Multikulti, Gendermainstreaming und die schwule Subkultur« an, was zu einer heftigen Debatte führt. Die Linke Abgeordnete Petra Pau erwidert dem Journalisten, »der sich links wähnt«: »Mit solchen Parolen macht man aus einer linken Partei eine rechte.«[27] Erst 2009, ein Jahr bevor Elsässer den Posten als Chefredakteur von Compact übernimmt, distanziert sich Die Linke wegen seiner Querfronthaltung von ihm.[28] In seiner Funktion als Chefredakteur macht Elsässer Antiamerikanismus und Antiimperialismus zur Blattlinie bei Compact. Er sieht seine Aufgabe als oppositioneller Medienvertreter darin, »zum Sturz des Regimes beizutragen«.[29] Seit 2012 bemüht sich Elsässer um Kontakt zur parlamentarischen und außerparlamentarischen Rechten. So sprach er auf Veranstaltungen der AfD und lud deren Mitglieder wiederum ein, auf seinen Veranstaltungen zu sprechen.[30] Auch Pegida konnte ihn als Sprecher gewinnen.[31] Der Soziologe Felix Schilk bezeichnet Elsässer als »wichtigen Protagonisten« im ideologischen Netzwerk der deutschen Rechten.[32]

Im Inhaltsverzeichnis dann mehrfach das Thema US-Wahl:

Seite 10: »Endkampf um Amerika« mit dem Untertitel »Donald Trump gegen den tiefen Staat«. Seite 14: »Vier Jahre Trump: eine Bilanz« und ein Untertitel, der sich fundamental von den klassischen Medien, wohl weltweit, abgrenzt: »Der US-Präsident hat nicht nur versprochen, sondern auch geliefert.« Eine Seite später dann »Pulverfass USA« und darauf aufbauend ein paar Seiten weiter: »Putschpläne, die Geheimdekrete der Militärs«.

Und auf Seite 5 das »Foto des Monats«, ganz subtil noch mal das Thema Trump, wenn auch in anderer Verpackung: Michael Wendler mit Frau Laura auf einem die Seite füllenden Hochglanzfoto. Für alle, die mit den zentralen Themen des Boulevard- und des Boulevardfernsehens nicht vertraut sind: Nach einem Verschwörungs-Tweet und der Kritik daran durch den Sender RTL hat der Schlagersänger Michael Wendler vor wenigen Tagen am 8. Oktober 2020 die Jury des Gesangswettbewerbs »Deutschland sucht den Superstar« verlassen. Wahrscheinlich gibt es kaum eine TV-Sendung in Deutschland, die von derart vielen schrägen Vögeln geprägt wurde. Aber der Typ hier im dunkelblauen Anzug mit seiner strahlenden, schmalen, bauchfrei gekleideten jungen Frau war selbst dafür zu schräg. Die Bildunterschrift: »Ein echtes Traumpaar: nein, sie liebt nicht den DJ, sondern den Wendler. Laura steht zu ihrem Mann, der sich mit dem Wahrheits-Virus infiziert hat – und nicht mehr am Ballermann oder in der DSDS-Jury sitzt, sondern bei Telegram über Corona-Lügen aufklärt. Die Werbeverträge sind deswegen geplatzt, die Gage ist futsch, die Eigentumswohnung vom Finanzamt gepfändet. ›Egal‹, sagt sich Michael Wendler, der in seiner Wahlheimat USA für Trump Reklame macht.«

> Nach seinem **Zerwürfnis mit RTL** kündigen Werbepartner ihre Verträge mit dem Ex-Schlagerstar, sein Manager trennt sich von ihm und Instagram und Spotify löschen seine Accounts. Inzwischen nutzt Wendler Telegram, um seine Verschwörungsgedanken zu teilen und um Produkte aus dem Kopp-Shop an seine Follower zu verkaufen. [33, 34]

Wendler wird eingereiht in die Riege der Widerstandshelden und wir werden ihm in den nächsten Wochen immer wieder mal begegnen. Das, was Compact hier schreibt, ist zwar alles ein bisschen unscharf, aber wer das glauben will, glaubt auch, dass das Finanzamt innerhalb weniger Tage wegen unliebsamer Tweets Wohnungen pfändet.

»Confirmation Bias« nennt sich das in der Sprache der Psychologen. Vereinfacht gesagt heißt das, dass Menschen bevorzugt das glauben, was in ihr Mindset passt. »Menschen wollen häufig schlichtweg weiter an ihre Version der ›Wahrheit‹ glauben, auch wenn es irrational ist«, schreiben Katharina Nocun und Pia Lamberty in ihrem Buch »Fake Facts«.[35] Wenn ein Mensch etwa davon überzeugt ist, »die Regierung würde im Rahmen einer Verschwörung einen schleichenden Bevölkerungsaustausch vorantreiben, werden Nachrichten, die in dieses Erwartungsmuster passen, systematisch als qualitativ hochwertiger eingeschätzt und mit geringerer Wahrscheinlichkeit hinterfragt.«

Die Kehrseite der medialen Informationsvielfalt ist, dass sich heute kaum mehr auf den ersten Blick erkennen lässt, wie vertrauenswürdig eine Quelle, wie wahrheitssuchend und wahrheitsgemäß eine Meldung recherchiert ist.

Die Brand Awareness, die klassische seriöse Medien für sich zu Recht reklamieren, gilt hier nicht mehr. Wer beispielsweise den Spiegel kauft, hat über Jahre die grundsätzliche Erfahrung gemacht, wie Informationen gewertet und gewichtet sind, und hat dazu ein grundsätzliches Verhältnis aufgebaut. Die Quelle liefert allen Erfahrungen nach verlässliche Informationen, auch wenn sie die eigene Meinung nicht bestätigen. Das gilt negativen Erfahrungen von den Hitler-Tagebüchern über Michael Born bis hin zu Claas Relotius zum Trotz für alle Mainstream-Medien von der Abendzeitung aus München bis zur Zeit aus Hamburg. Der Leser kennt die Quelle und kann sie im Gegensatz zu den vielen neuen »Informationsmöglichkeiten« im Netz einordnen.

Selbst bei meinen langjährigen Erfahrungen im Nachrichtenwesen tue ich mich bei diesem Ausflug in die Anderswelt häufig schwer, die Seriosität des Gelesenen oder Gesehenen einzuordnen. Natürlich ist dies einfach, wenn geschrieben wird, die Erde sei flach oder der mysteriöse Q habe sich wieder einmal gemeldet. Es gibt offensichtliche Schwachköpfe und erkennbar unseriöse Quellen, doch vieles bewegt sich in einer für Normalbürger kaum mehr zu beurteilenden Grauzone. Die Gefahr, falschen Fakten aufzusitzen, ist groß, vor allem dann, wenn sie die eigene Meinung bestätigen.

TRUMP FOREVER

In der schon erwähnten Novemberausgabe des Compact-Magazins findet sich auch der kriegerische Aufmacher: »Endkampf um Amerika« [36] Vorweggenommen sei hier der letzte Absatz: »Die USA befinden sich am Scheideweg: Gelingt Trump der Sieg, hätte er die Möglichkeit, eine zweite Phase seiner patriotischen und souveränistischen Agenda einzuleiten, die nicht nur Amerika nachhaltig verändern wird, sondern als leuchtendes Beispiel in alle Welt ausstrahlt. Gewinnt jedoch Biden, schwappt der alte Sumpf aus Geheimdiensten, Hochfinanz, Neocons und Linksideologen zurück ins Weiße Haus – mit allen negativen Auswirkungen auf die internationale Politik. Eine globale Weltdiktatur unter dem Banner von Klima, Corona und Krieg wäre greifbar nah.«

Die Argumentation des Compact-Stammautors Daniell Pföhringer ist abenteuerlich. Was ist denn unter dem Sumpf aus Geheimdiensten, Hochfinanz, Neocons und Linksideologen zu verstehen? Dass Neocons und Linksideologen schon immer im Weißen Haus zusammensaßen, ist mir und sicher jedem seriösen politischen Beobachter neu. Pföhringer schreibt auch, dass es »die schwerste Krise der USA seit Ende des Zweiten Weltkriegs« sei, na ja, da kann man geteilter Meinung sein. Was war mit der Kubakrise? Mit Vietnam? mit 9/11. ? Um nur drei Beispiele zu nennen.

Es hilft, wenn man sich in den letzten Jahren intensiv mit Nachrichten auseinandergesetzt hat, um das alles, was hier zu lesen ist, einzuordnen. Doch ich frage mich immer wieder, wie hoch meine oder wie hoch die Widerstandskraft von Menschen ist, die ohnehin das negative Trump-Bild aus der deutschen Presse bezweifeln.

Biden ist laut Pföhringer der nette »Grüß-August«, in dessen Windschatten sich eine neue Riege von demokratischen Politikern warmläuft. So falsch ist zumindest dieser Satz nicht. Der nächste aber hämmert gleich: »Demokraten, die das Land für eine scharfe Linkswende sturmreif schießen wollen.«
Allmählich wird es anstrengend mit Herrn Pföhringer, aber durch zwei Passagen muss ich noch durch: Er schreibt ausführlich über ein Positionspapier einer Gruppe namens »Transition integrity project« (TIP), das »im Netz kursiert«. Ein Papier, das in der Argumentation der Neurechten in den nächsten Wochen immer wieder auftauchen wird. Dahinter stehen laut Pföhringer »Deep State-Demokraten« wie Hillary Clintons Wahlkampfmanager John Podesta, einige bekannte Neokonservative, eine Washingtoner Juraprofessorin und, indirekt, auch George Soros, der philanthropische Großinvestor mit ungarisch-jüdischen Wurzeln. Die vier Szenarien sind: unklarer Wahlausgang, deutlicher Biden-Sieg, Trump mit Mehrheit im Electoral College (den Wahlmännern), knapper Biden-Sieg.

TIP

steht für Transition integrity project, ein Projekt, das man am ehesten als temporären Thinktank einordnen kann. Auf Initiative einer Juraprofessorin von der renommierten Washingtoner Georgetown University haben etwa hundert hochrangige Intellektuelle in mehreren Runden Szenarien entwickelt, welche Folgen ein Wahlausgang zuungunsten des aktuellen Präsidenten Trump nach sich ziehen könnte.

Die wichtigste Schlussfolgerung: »Wir gehen davon aus, dass Präsident Trump wahrscheinlich das Ergebnis mit legalen Mitteln und mit Mitteln außerhalb des Legalen herausfordern wird, in der Absicht, die Macht weiter zu behalten. Jüngste Ereignisse, einschließlich der Weigerung des Präsidenten, sich zum Unweigerlichen zu bekennen im Fall einer Wahlniederlage, … und die noch nie da gewesene Abordnung von Bundestruppen, um linke Proteste niederzuschlagen, unterstreichen, wie weit Präsident Trump möglicherweise gehen könnte, um im Amt zu bleiben.«[37]

»Auffällig ist«, analysiert Pföhringer die TIP-Analyse, »dass der neokonservativ-demokratische Block sowohl im Fall einer Niederlage Trumps als auch seines Sieges von gewaltsamen Unruhen ausgeht, die nicht etwa von Black lives matter, Antifa und anderen Linksradikalen verursacht, sondern von Trump angeheizt werden. So in etwa sieht auch die landläufige Meinung aus«, aber Pföhringer schreibt gleich weiter: »Das ist eine glatte Verdrehung der Tatsachen, die aber dem Mainstream-Narrativ entspricht.«[38] Pföhringer rechnet jetzt, kurz vor der US-Wahl, mit Unruhen, aber nicht ausgelöst von aggressiven Republikanern, sondern von demokratischen oder linken Biden-Anhängern. Spätestens das ist der Moment, wo ich anfange, den Begriff »alternative facts« zu verstehen.

Die Wendung »alternative facts«

nutzte Trumps Beraterin Kellyanne Conway erstmals im Januar 2017 im NBC-Polittalk »Meet the Press«[39]. Conway begegnete damit dem Vorhalt, die Pressestelle des Weißen Hauses habe nachweislich falsche Besucherzahlen zur Amtseinführung Trumps propagiert. Die Begriffsschöpfung fand große Resonanz und wurde auf die Manipulationstechniken »Neusprech« und »Doppeldenk« aus George Orwells Roman »1984« bezogen.[40] In Abgrenzung zu »fake news«, wissentlicher Lüge, wird »alternative facts« tendenziell als »andere Deutung anhand anderer Kriterien« verstanden.

Aber es setzt auch wieder so etwas wie Nachdenken ein. Ist dieser Trump denn wirklich in Gänze das Übel schlechthin? Langsam kriecht in mir so etwas wie Zweifel an der in Deutschland fast ausnahmslos negativen Berichterstattung über Trump hoch. Es ist der Moment, an dem ich an Bekannte aus dem konservativen Milieu denke, die gerade die »dauernde, einseitige Berichterstattung« über den US-Präsidenten in Diskussionen immer wieder als Argument gegen die von ihnen so gesehene »links-grün dominierte deutsche Medienlandschaft« anführen.

Dieser Artikel könnte Wasser auf ihre Mühlen sein, wenn nicht die Lobeshymnen darin so extrem wären, dass man nur noch laut lachen möchte. Nur ein Beispiel: »Viele hatten ihn schon am Beatmungsgerät oder gar auf dem Totenbett gesehen. Den Gefallen will Trump seinen Feinden aber nicht tun ... Noch nicht einmal Corona kann Trump – dem Iron Man – etwas anhaben. Und seine Anhänger sind sich jetzt vollkommen sicher: Der liebe Gott muss seine schützende Hand über diesen Mann halten.« Bei mir löst das erst einmal ein Lächeln aus, bei Trumps Anhängern und Compact-Lesern wahrscheinlich breiten Applaus. Und mein Lächeln gefriert wieder.

DER FALL GEORGE FLOYD
ANDERS BETRACHTET

Auch die Rassenunruhen, die die Vereinigten Staaten in den Monaten vor der Präsidentenwahl erschüttert haben, werden Anfang November wieder zum Thema und erscheinen hier in einem völlig anderen Licht. Schon der offensichtliche und eigentlich unbestrittene Anlass, dass ein Polizist den gewaltsamen Tod von George Floyd am 25. Mai herbeigeführt hat, was durch Videos belegt ist, wird bestritten. So als gäbe es die fast neun Minuten lange Sequenz nicht, in der Floyd mit dem Knie eines Polizisten auf seinem Hals um sein Leben ringt und immer wieder ruft: »I can't breath.« Karel Meissner stellt auf Compact trotzdem die bald verbreitete Frage: »Verursachte hauptsächlich das minutenlange Niederdrücken durch einen Beamten sein Ersticken – oder der Drogencocktail im Blut des Mannes?«

Zu Floyds Tod
gibt es zwei Autopsien. Die Gerichtsmedizin des Hennepin County [41] erwähnt zwar Drogen in dessen Blut, auch eine abklingende Corona-Erkrankung, kommt aber zu dem Schluss, er sei an Herz- und Kreislaufversagen gestorben.

Die von der Familie Floyds bei dem renommierten Gerichtsmediziner Michael Baden in Auftrag gegebene Untersuchung [42] konstatiert, Floyds Tod sei durch Ersticken verursacht. Die Amphetamine in Floyds Körper werden in beiden Untersuchungen nicht als Todesursache genannt.

»In den Leitmedien diesseits und jenseits des Atlantiks«, so Meissner [43] über die schweren Rassenunruhen, »liest man immer wieder, dass Trump die Lage durch den Einsatz der Bundespolizei eskaliert habe, weil eine Zunahme von Spannungen seinem Wahlkampf nütze. Doch die Gewalt ist völlig unabhängig vom Agieren des Präsidenten entfesselt und von Linksaußen weiter stimuliert worden.« Und Meissner führt ein Beispiel an, das sich Mitte September in Los Angeles zugetragen haben soll.

Zwei junge Polizisten wurden demzufolge von hinten angeschossen und kamen verletzt ins Krankenhaus. »Während die Ärzte um ihr Leben kämpften, versammelten sich vor der Klinik Dutzende Demonstranten und skandierten: ›We hope they die‹.

Trump verglich die Schüsse mit der Tat eines wilden Tieres. ›Wenn die Polizeibeamten sterben, sollte in einem schnellen Verfahren die Todesstrafe verhängt werden, schrieb er auf Twitter. Das ist der einzige Weg, so etwas zu stoppen.‹« Und der Autor schlussfolgert: »Muss man sich wundern, dass dieser Mann so populär ist?« [44]

Die beiden PolizeibeamtInnen
erlitten mehrere Schussverletzungen im Oberkörper, auch in Kopf und Gesicht. Sie wurden nach stationärer Behandlung nach Hause entlassen, weitere Eingriffe standen aus. Der mutmaßliche Täter, Deonte Lee Murray, war am 15.9. wegen Diebstahls des späteren Fluchtfahrzeugs verhaftet worden; die Polizei hatte den Zusammenhang zum Attentat jedoch zunächst nicht erkannt.

So wurde mit behördlichen und privaten Fangprämien von zusammen 625.000 US-Dollar nach einem Täter gesucht, der bereits einsaß. Der Sheriff von Los Angeles, Alex Villanueva, beklagte, Passanten hätten »gefeiert und gejubelt«, das habe »die ganze Nation schockiert«. Präsident Trump twitterte : »... fast trial death penalty for the killer. Only way to stop this.« Murrays Anwalt und Angehörige beklagten, der Gefangene werde in einer Zwangsjacke gehalten, ihm werde Essen verweigert und er werde stündlich geweckt. Ein Motiv für die Tat sei ihnen nicht bekannt. [45, 46]

Ich versuche, das von Meissner angeführte Beispiel zu recherchieren, auf den nach meinen selbst gewählten Spielregeln ausgesuchten Medien aus dem rechten Dunstkreis. Breitbart als Informationsquelle sollte somit erlaubt sein, und ich werde auch nach gar nicht so langem Suchen fündig. Ein längerer Artikel vom 12. September: »Watch: Black Lives Matter Protesters Wish Death on Wounded L. A. Sheriff's Deputies: ›I Hope They F**king Die.‹« [47]

Die Website »Breitbart.com«, gegründet und zum Erfolg geführt von Steve Bannon, dem früheren Trump-Berater, bietet dazu auch gleich noch ein Beleg-Video an. Schlechte Bildqualität, offensichtlich mit dem Handy gefilmt, Dämmerlicht. Zwei Polizisten sind zu erkennen, die ein Gebäude bewachen. Auf dem Bürgersteig davor ein Weißer, der mit einem Smartphone filmt, und vier (!) eher dunkelhäutige Männer, die zwei rot-schwarz-grüne Flaggen schwenken. Einer davon ruft dann in der Tat: »I hope they die.« Die Flaggen stehen übrigens für die UNIA, eine schon 1914 gegründete, panafrikanische Bürgerrechts-Organisation.

Es braucht also nicht einmal professionelles Fact-Checking, um diese Story zu hinterleuchten. Meissners Behauptung ist also nicht völlig falsch, aber auch nicht völlig richtig und taugt kaum als Beleg für den Zustand einer Nation mit 330 Millionen Einwohnern.

Es sind jetzt nur noch zwei Tage bis zur US-Wahl, und von dem Compact-Sonderheft, der Jungen Freiheit und kleineren Artikeln einmal abgesehen, scheint das Thema US-Wahl in den alternativen Medien immer noch keine wirklich große Rolle zu spielen.

NACHWUCHSAUTOREN ZUR US-WAHL

Am späten Nachmittag des 3. November findet sich der Newsletter von Tichys Einblick mit der Headline »Morgen, Kinder, wird's was geben« im E-Mail-Postfach. Nicht wirklich überraschend setzt Tichy sich von dem ab, was über Jahre landläufige Berichterstattung war: »Die Präsidentschaftswahl in den USA ist noch keineswegs zugunsten von Joe Biden gelaufen, wie eine Mehrheit der Medien behauptet. Die Umfragen zeigen, dass Trump gerade bei Schwarzen und Hispanics Stimmen gewinnt. Für sie ist Trumps Politik der zusätzlichen Arbeitsplätze und der inneren Sicherheit wichtiger als das Rassismus-Gerede der Demokraten.«

Und er wird dabei von einem Autor bestätigt, dessen Bekanntschaft ich heute erstmals mache, von dem ich aber nach dem Lesen des Artikels überzeugt bin, dass wir von ihm noch mehr lesen und hören werden.

Er hört auf den klingenden Namen Air Türkis. Ob das stimmt? Zumindest Grund genug auf das schwarz-weiße Autorenfoto zu klicken: Jahrgang 2002, das ist jetzt der Moment, wo ich anfange, zu rechnen. Stimmt: 18. Mittelblond, kurze Haare, starrer Blick in die Kamera, ein ernster junger Mann. Er ist seit Kurzem bei TE als Redakteur fest angestellt und darüber hinaus Chefredakteur einer Internet-Publikation namens Apollo News, die bisher an mir vorübergegangen ist.

> **Apollo News**
> ist laut Eigendefinition das »Jugendmagazin für den freien Westen« [48]. Und weiter: »... ein klassisch-liberaler politischer Blog«, der »mitten aus unserem Leben berichtet und wie sich der Weg der Gesellschaft in die Knechtschaft in unserem Alltag bemerkbar macht«. Themensetzung und Tonfall sind vergleichbar zu anderen neurechten Medien. Nur eine Überschrift als Beispiel: »Nach einem Jahr ›drittes Geschlecht‹: Diverse in Bremen so häufig wie Alpakas.«

Aus der Zeit vor diesem Selbstversuch, also bis Ende August, habe ich noch mitgenommen, dass Joe Biden in allen Umfragen relativ deutlich vorne liegt, selbst im tief republikanischen Texas gute

Chancen auf einen Sieg hätte, in Swing States wie Florida, Pennsylvania und Ohio ohnehin.

Also überrascht mich, was ich bei Herrn Türkis lese: »Der Umfrage-Vorsprung von Joe Biden wird je nach Institut zwischen ein und zehn Prozentpunkten taxiert – er schrumpft allerdings fast überall.« Auch wenn herauszulesen ist, wer Türkis' Favorit ist: Die Analyse geht nüchtern und sachlich in die Zahlen. Und Türkis kommt zu dem Schluss, dass ein Sieg in nur zwei der größeren Staaten wie Florida, Georgia oder Nevada den Unterschied ausmachen könnte – und das mit den Stimmen der Hispanics. Und weiter: »Die Demokraten verlieren vor allem die Mittel- und Oberschicht, die ganz banale Interessen hat: niedrige Steuern, öffentliche Sicherheit oder ein gutes Geschäftsklima.«[49]

Laut Türkis hat sich Trump in den letzten Tagen vor der Wahl ein Monsterprogramm auferlegt. Mit Zehntausenden jubelnden Anhängern. Ein Hinweis, ob Corona-Hygiene-Regeln eingehalten wurden, findet sich nicht.

Und Tichys Einblick verspricht im Absatz darunter, kursiv gesetzt: »Eine umfangreiche Berichterstattung zur US-Wahl mit aktuellen Daten und natürlich den Ergebnissen finden Sie hier auf TE – garantiert frei von Trump-Bashing.«

Immer wieder bedient gerade Tichys Einblick wie hier die Gedankenwelt einer verunsicherten bürgerlichen Mitte. Gerade die weitgehend negativere Darstellung des US-Präsidenten in den etablierten deutschen Medien hat bei ihnen das Misstrauen gegen eben diese Medien aufgebracht. Dieser liberal-konservativ genannten Klientel, wie wohl Tichy sie nennen würde, bietet er eine Alternative. Klare Falschmeldungen finden sich nicht in Tichys Einblick, dafür klare Positionen.

DER TAG DER US-WAHL

Der 3. November ist der Tag der Präsidentenwahl, aber es ist auch der Tag nach dem islamistischen Terroranschlag in Wien mit fünf Toten. Compact beschreibt den Abend in Wien sachlich und wohl auch dem Ablauf entsprechend korrekt.[50] Für mich ist der Artikel an diesem Morgen überraschend nüchtern. Zeile für Zeile verschlinge ich den Text, bis ich in der zweiten Hälfte, unter einer Anzeige des Kopp-Verlags für ein Buch mit dem Titel »Sicherheitsrisiko Islam«, mit »fünf Thesen zum Dschihad in Wien« konfrontiert werde. »Integration ist gescheitert« – »Die Reaktionen werden wieder heuchlerisch sein« – »Die Hauptschuld liegt bei der Politik« – »Es ist Krieg« – »Wir brauchen eine De-Islamisierung«. Die Forderung am Ende des Textes ist dann fett gedruckt: »Die einzige Möglichkeit, islamische Terroranschläge in Zukunft zu verhindern, ist eine Politik der sicheren Grenzen, der Rückführung illegaler und straffälliger Einwanderer und eine konsequente De-Islamisierung des öffentlichen Lebens.« In allen anderen Publikationen aus der Anderswelt, die ich bis zum Abend durchgearbeitet habe, klingt das ähnlich. Habe ich eine differenziertere Berichterstattung erwartet?

Noch am Morgen findet sich eher wenig zur US-Wahl: Der Aufmacher bei MMnews ist: »US-Wahl live«. Der Vorspann, früher das Fettgedruckte in der Zeitung: »Die Wahl in den USA entscheidet darüber, ob Donald Trump im Weißen Haus seine nationale Friedenspolitik weiterführen kann oder ob er durch eine Marionette des ›Tiefen Staates‹ ersetzt wird.«[51]

Das was hier als »US-Wahl live« bezeichnet wird, beginnt mit einem Text von gestern: »Ohne das Virus würde Trump aufgrund seiner für die meisten Amerikaner positiven Bilanz einen sicheren

Sieg feiern können. Doch mit skrupelloser Demagogie haben seine Feinde die Seuche ebenso für ihre Interessen politisch instrumentalisiert, wie das auch hierzulande geschieht. Nur diese Situation, in der Trump nicht alles, aber vieles richtig gemacht hat, macht es möglich, dass der greise und an fortschreitender Debilität leidende Demokraten-Kandidat Joe Biden überhaupt eine Chance hat, wenigstens bis zu seiner bereits geplanten Ablösung zugunsten der linken Kamala Harris Präsident zu werden.«

Am Abend dann klinke ich mich ab zehn Uhr deutscher Zeit in einen Livestream ein, den mir Compact TV empfohlen hat. Titel des Programms: »Endkampf um Amerika. Die ultimative Wahlnacht-Show« [52]. Eine Co-Produktion von Digitaler Chronist, Stefan Bauer, Elijah Tee und Compact TV.

Digitaler Chronist

nennt sich der YouTuber Thomas Grabinger aus Berlin. 2015 porträtiert ihn die Berliner Morgenpost als pfiffigen Anbieter von Computerreparaturen. [53] Auch engagiert er sich mit dem »Wohnprojekt de integro« für Menschen, die ein »alkohol- und drogenfreies Wohnumfeld brauchen« [54]. Sein Blog zu Computerthemen griff zunehmend auch politische Themen auf. Ein 2019 angelegter YouTube-Kanal wurde gesperrt. [55]

Grabinger lancierte seither die neuen Kanäle »Digitaler Chronist«, »Digitaler Chronist Alternative« und »Digitaler Chronist Team«. Mit einem markanten breitkrempigen Hut auf dem Kopf spricht er dort, z.B. über eine TV-Moderatorin, die über Impfstoffe berichtet, so: »Nele tropft wie ein Kieslaster«. Er publiziert auch auf der Plattform »lbry.tv«, die die inzwischen »odyssee.com« heißt und sich »gegen die Kontrolle von YouTube und amazon« wendet.

Elijah Tee

ist laut seinem Xing-Profil angestellter Videoproducer aus Dresden [56] und trat erstmals öffentlich in Erscheinung mit einer Rede auf der Dresdner Anti-Corona-Demonstration Anfang August. Sein Rede-Ausschnitt von damals hat auf YouTube mehr als 50.000 Aufrufe und mehr als 5.500 Likes. Er firmiert bei Facebook unter seinem Klarnamen [57] und als »ET Video und Content« und verweist auf eine berufliche Station bei »Wildstyle Network«, einer digitalen Werbeagentur. [58]

Stefan Bauer

war laut Süddeutscher Zeitung zeitweilig Filmemacher, YouTuber und Vorstandsmitglied der AfD Rosenheim. Er erlangt irrlichternde Wahrnehmung, als er einen akkreditierten Journalisten des »Jüdischen Forums für Demokratie und gegen Antisemitismus« am Rande einer Kundgebung von Attila Hildmann gut anderthalb Minuten lang bedrängt. Bauer gibt sich dabei als Journalist aus, der kein Abstandsgebot befolgen müsse, und ignoriert mehrere Verweise des Bedrängten und von Polizisten. Im Oktober proklamiert Bauer, sein YouTube-Kanal werde für eine Woche gesperrt – in einem Video aus dem Berliner Bendlerblock, unter der Gedenktafel an die Hitler-Attentäter. »Einiges wiederholt sich hier gerade«, nimmt Bauer darauf Bezug. Nach einem weiteren Eklat in der österreichischen KZ-Gedenkstätte Mauthausen, wo Bauer Covid-Impfungen mit dem Einsatz des Giftgases Zyklon B verglich, beschloss der Landesvorstand der AfD Bayern ein Parteiausschlussverfahren. [59]

Compact TV
ist der YouTube-Ableger des rechten, vom Verfassungsschutz beobachteten Printmagazins Compact mit Chefredakteur Jürgen Elsässer.

Für zwölf Stunden haben die vier YouTube-Kanäle ein gemeinsames Programm geplant, als Alternative zu den Livesendungen der etablierten TV-Sender von ARD bis n-tv. Beworben wird das schon den ganzen Tag über bei Compact mit einer Fotomontage: im Hintergrund das Weiße Haus, unten die Porträts der Macher der TV-Show. Rechts im Bild ein dynamisch-aggressiver Donald Trump, links ein Häufchen Elend, mit dicken, von ungeschickten Retuscheuren ins blasse Gesicht eingefügten Tränen: Joe Biden. Bisher Sleeping-, jetzt Crying-Joe.

Und so geht die Sendung dann auch los: absolute Siegesgewissheit bei allen. Bei Elijah Tee, bei den Machern von Compact, bei Stefan Bauer und beim Digitalen Chronisten.

Und der ist in seinem Element, als ich kurz vor sechs Uhr dreißig am nächsten Tag wieder in den Stream klicke. Oben im rechten Eck ein kleines Logo, CNN nachempfunden mit den Buchstaben DDN, was wohl für Digital Donald Network steht. Der Digitale Chronist hat sich extra die rote Krawatte umgebunden (in den Staaten tragen die Demokraten bevorzugt Blau, die Republikaner Rot) und sein Erkennungszeichen, ein Hütchen, aufgesetzt. Trotzdem guckt er irgendwie missmutig. Zahlen finde ich keine, aber er interviewt einen Menschen namens Claudius Fabig, der nicht näher vorgestellt wird. Offen gestanden ist für mich die Mischung aus Trump-Nähe und arrogantem Zynismus schwer erträglich. Und immer wieder Seitenhiebe auf den »Mainstream-Journalismus«. Journalisten seien »Realitätstheoretiker«. »Sie sind nicht vorbereitet, weil sie in ihrer eigenen Welt leben.« Und Thomas

Grabinger alias Digitaler Chronist weiter: »Man merkt richtig, was das für eine Blase ist.« Claudius Fabig, von dem ich immer noch nicht erfahren habe, welche Qualifikation ihn in diese Sendung gebracht hat, setzt noch mal so richtig einen drauf: »Die Formulierung Blase ist viel zu charmant. Das ist ein alter Lumpensack!«

Grabinger und Fabig, so sieht die Anderswelt am 4. November um 6:30 Uhr deutscher Zeit aus.

Claudius Fabig
agiert bei Facebook als Moderator und Autor, unter anderem mit dem Buchtitel »Der King lebt«. Gemeint ist Elvis Presley. Über Presleys legendäres Hawaii-Konzert geht es weiter zu Fabigs Onlineshop für seine Kosmetik-Serie »Blue Hawaii« und von dort zu seinem aktuellen Werk »Botschaft für Deutsche«. Während Fabig mit dem »Digitalen Chronisten« Grabinger später bei YouTube über das »Ermächtigungsgesetz« polemisieren wird, läuft auf seiner Hautcreme-Shopsite ein Balken mit erstaunlich mainstreamigen »So stoppen wir das Virus«-Tipps. [60]

Direkt im Anschluss wird umgeschaltet, zu Compact TV. Technisch ist das eher amateurhaft, inhaltlich dafür umso deutlicher:

Der Trailer macht klar, wohin es die nächsten eineinhalb Stunden gehen wird: im Bild die US-Flagge, dazu die ersten Klänge der US-Hymne, im Ton überblendet in ein Gewitter, im Bild überblendet in Donald Trump mit dem Zitat: »It's time to drain the swamp in Washington D.C.«

Und noch ein Trailer mit den Fragen dieser Sendung in übergroßen Lettern: Endkampf um Amerika – Kehrt das Establishment zurück? – Regieren Black Lives Matter bald im Weißen

Haus – Oder gelingt die (da hatte es wohl jemand eilig) Sieg über die Eliten?

Zugeschaltet als Gast Oliver Janich, vorgestellt vom Moderatorenduo als jemand, der »US-Politik seit vielen Jahren nicht nur an der Oberfläche, sondern auch in der Tiefe beobachtet«.

Oliver Janich

Buchautor und einer der bekanntesten Verschwörungstheoretiker Deutschlands. Janich lebt auf den Philippinen und vertritt auf seiner Homepage offensichtlich rechtspopulistische und fremdenfeindliche Thesen. [61]

Janich hat vorhergesagt, dass Trump klar siegt. Der geplante Wahlbetrug ist ihm zufolge »Fakt« und er beruft sich dabei auf einen Livestream von Steve Bannon: »Der hatte da einen General da, der erklärt hat, dass die CIA ein Programm entwickelt hat zur Fälschung von Wahlen, das aber die Demokraten schon seit 2012 einsetzen. Obama hätte es schon 2012 eingesetzt.«

Mit dem Computerprogramm gemeint ist eine Software namens **Dominion**. Die kanadische Firma Dominion voting systems ist der zweitgrößte Hersteller von Wahlmaschinen in den Vereinigten Staaten [62] und ist gerade bei QAnon-Anhängern Mittelpunkt diverser Verschwörungstheorien. [63]

Laut Janich ist Steve Bannon ernst zu nehmen, weil er eben kein Verschwörungstheoretiker sei, sondern sich von denen distanziere. »Wenn schon Steve Bannon, der regelmäßig auf FOX News ist, sagt, dass die versuchen, die Wahl zu stehlen ...«, und dann verliert sich der Rest des Satzes in unverständlicher Grammatik im Live-Interview.

Wer ist dieser Oliver Janich? Um ihn kennenzulernen, reicht ein Blick auf seine Homepage völlig aus. Er hat nach eigenen Angaben als Journalist gearbeitet für Focus, Financial Times, Süddeutsche Zeitung, Compact Magazin und andere. Eine der Rezensionen für eines seiner Bücher: »Seine manchmal unorthodoxe Form der Präsentation birgt hohen journalistischen Sachverstand«, gezeichnet: Eva Herman. Aber so richtig abenteuerlich wird es beim Topthema vom Vortag, dem 3. 11.: »Wurden Merkel-Kritiker Oppermann und Ohoven ermordet?« Nur ein Satz aus dieser schwungvollen Spekulation: »Es muss ja nicht eine Merkel selber anordnen, sondern irgendeiner aus dem militärisch-pharmazeutischen-industriellen Komplex.« [64]

Jetzt ist es noch nicht einmal sieben Uhr, und eigentlich möchte ich schon aufgeben für heute und eigentlich überhaupt. Wer glaubt denn so einen hanebüchenen Unsinn? Im Chatprotokoll von Compact TV stellt selbst eine Melanie Bahnsen die Frage: »Warum ist der Janich noch nicht in der Psychiatrie?«

Jetzt würde ich gerne Friedrich Küppersbusch anrufen, aber um diese Tageszeit? Ich frage mich gerade, was mit mir passiert, wenn ich das noch lange so weitermache, und das ist jetzt kein Effekthaschen, sondern bitterer Ernst.

Es ist mittlerweile sieben Uhr, und Stefan Bauer, der Rosenheimer AfD-Funktionär, ist wieder »auf Sendung«. Draußen wird es allmählich hell. Moderator Bauer und seine Mitstreiter sitzen vor einer Gardine, die das blaue, kalte Morgenlicht durchschimmern lässt. Rechts von ihm ein durchtrainierter, etwa 45 Jahre alter Mann. Vorgestellt als Rick Houdershell. Ein Schrank, breite Schultern, Unterarme, noch verstärkt durch das anscheinend verwendete Weitwinkelobjektiv, wie bei anderen die Oberschenkel. Weißes T-Shirt, wahrscheinlich in XXL, mit dem klaren Aufdruck: »Trump – Make America great again!«

Die Stimmung ist gelöst, siegessicher: Für die drei Bayern hier ist alles klar: »Habemus Papam«, stellt Bernhard Boneberg (laut Schrifteinblendung Politikwissenschaftler) mit Blick auf den vor ihm stehenden Laptop fest. »Oder wie wir auf Englisch sagen: Des is a gmahde Wies'n.«

Und Houdershell bringt es auf den Punkt. Breit lächelnd, die gewaltigen Hände (in Bayern würde man Pratzen dazu sagen) vor der Brust verknotet, auf Bairisch mit einem breiten US-Akzent: »Ich verstehe nicht, wieso Biden keine Concession speech geben will. Er ist wie schon Hillary Clinton und Al Gore ein schlechter Verlierer.«

> **»Concession speech«**
> ist ein Ritual bei US-Wahlen. Wenn das Wahlergebnis sicher ist, stellt sich der Verlierer vor die Kameras und gesteht vor der Öffentlichkeit seine Niederlage ein.

Ich bin inzwischen ja auf vieles gefasst, aber nicht darauf, dass Stefan Bauer wortwörtlich in eine Kamera sagt: »Angela Merkel, wie gefällt dir diese Wahl? Wir hoffen ja, du kotzt«, und Boneberg setzt noch eins drauf: »Wir hoffen ja was anderes, Kotzen ist zu wenig.«

In der Kommentarspalte darunter bedankt sich gerade der User »ma roe«: »Danke für das Compact Team und den anderen super gemacht. Besser als ard und zdf«. Was passiert da gerade? Ein Schauspieler, dessen letztes Engagement zehn Jahre zurückliegt, und ein verurteilter Schwerverbrecher erklären mir gerade die US-Politik. Jetzt brauche ich wirklich eine Pause.

> **Rick Houdershell**
> ist schwer zu fassen. Hinter dem Pseudonym verbirgt sich Richard Wegner, der auch für die Houdershell-Homepage

verantwortlich zeichnet. Wegner hat als Houdershell in einem autobiografischen Roman seine eigene Lebens- und Gefängnisgeschichte verarbeitet. Er war insgesamt zu zweimal 15 Jahren Haft wegen bewaffneten Raubüberfalls in Maryland und in West Virginia wegen Mordes zu lebenslanger Haft verurteilt worden. Für jeden nachzulesen auf seiner eigenen Homepage. [65]

2003 wurde er nach Deutschland abgeschoben und tauchte rechtemedieninfo.de zufolge immer wieder bei Pegida- und AfD-Veranstaltungen auf, zuletzt beim Sturm auf den Reichstag Ende August 2020. [66]

Benhard Baron Boneberg
ist Schauspieler, auch wenn seine letzte Rolle laut IMDb [67], der weltweit größten Filmdatenbank im Internet, schon zehn Jahre her ist. Er hat seiner eigenen Homepage [68] zufolge von 1990 bis 1995 an der Hochschule für Politik in München politische Wissenschaften studiert.

DIE ANDERSWELT FEIERT BIDENS NIEDERLAGE

Gut eine Stunde später: US-Präsident Trump live auf Compact.tv »We're going to win this election, frankly we did win this election, we will be going to the supreme court, we want the voting to be stopped.« Für Bauer, Houdershell und Boneberg, die gerade mit ihrem Sendefenster dran sind, ist der Tag gelaufen. Wir können jetzt feiern, so AfD-Funktionär Bauer.

Die Schrifteinblendung am unteren Bildrand dazu: »Antifa marschiert mit Gasmasken, Waffen und Schildern durch Washington.«

Faktencheck
Diese Meldung war so in keinem deutschen Medium zu finden. Bei Breitbart, wo gerne einmal abgeschrieben wird, findet sich dazu ein kurzer Artikel, der bedrohlich beginnt: »Fights breaking out at Black Lives Matter Plaza«,[69] dann aber in dem lapidaren Satz gipfelt: »Der Kampf brach schnell ab, bevor es zu irgendeiner Verletzung kam.«

Gegen halb neun geht es dann für mich weiter. Compact TV ist zurück, aber erst einmal bleibt der Bildschirm schwarz.

Als das Umschalten endlich klappt, steht Jürgen Elsässer im grauen Anzug im Bildhintergrund, keine Krawatte, offensichtlich übermüdet. Trump liegt auch hier vorne, anscheinend aber nicht so souverän wie bei den Herren Bauer, Houdershell und Boneberg.

Elsässer wähnt den Stand der Stimmenauszählung »als kritische Phase einer Hängepartie« und zitiert seine Argumentation aus dem Printmagazin: »Es gibt vier Szenarien. Drei gehen davon aus, dass es Bürgerkrieg gibt, eines sogar, dass sich die demokratischen Staaten vom Gesamtstaat abspalten könnten.« Was ist das? Alternative Facts, Alternative News oder Alternative Ideas. Wenn ich jetzt die Nachrichtenlage, so wie ich sie gerade vorfinde, und gemeinsam mit den gesehenen Interviews interpretiere, dann will Trump einen anscheinend von den Demokraten ausgelösten Bürgerkrieg verhindern. »Trump«, so Kommentator Elsässer, »will diesen Horrorszenarien vorbeugen und mit der Anrufung des Höchsten Gerichts die Auszählung stoppen lassen, um sozusagen den Rest der Zählung erst so vorzunehmen, dass diese Büchsenspanner gar nicht zum Zuge kommen.« Schon eine eher eigenwillige Interpretation ...

Auch Compact-Moderator Martin Müller-Mertens malt bürgerkriegsähnliche Zustände an die Wand und übergibt an Martin Lichtmesz, vorgestellt als Wiener Publizist. Zahlen habe ich übrigens schon länger nicht mehr gehört.

Martin Lichtmesz
heißt mit bürgerlichem Namen Martin Semlitsch. Er arbeitet als Publizist und Übersetzer und gilt der Bundeszentrale für politische Bildung zufolge als einer der Vordenker der neurechten Identitären Bewegung. [70]

Lichtmesz ist schon nach ein, zwei Sätzen einzuordnen: »Bin schon seit drei Uhr früh auf, war schon mit Martin Sellner in einem Stream und wir haben verfolgt, wie alles läuft.« Martin Sellner ist die Führungsfigur der Identitären Bewegung in Österreich schlechthin und einer der einflussreichsten Rechtsradikalen in Europa.

Martin Sellner
ist Gründer und Sprecher der identitären Bewegung in Österreich. Der 32 Jahre alte gebürtige Wiener studierte nach seinem Grundwehrdienst Philosophie bis zum Bachelor. Ein danach angefangenes Jurastudium brach Sellner wieder ab. Mit 20 Jahren fiel er mit Auftritten an der Seite des österreichischen Holocaust-Leugners Gottfried Küssel das erste Mal in der Neonazi-Szene auf. [71] Zwei Jahre später wendet er sich jedoch vom klassischen Neonazismus ab, dieser sei juristisch bedenklich und komme bei der Jugend nicht mehr an. Als Reaktion gründet Sellner 2012 die IB-Ö nach französischem Vorbild. Seine Internetpräsenzen gehen durch die Decke, er spricht auf Veranstaltungen und schreibt für verschiedene rechte Publikationen. Nachdem

Sellner von Brenton Tarrant, dem Attentäter von Christchurch, Spenden in Höhe von 1.500 Euro erhalten hat, wird im März 2019 seine Privatwohnung durchsucht. Der Vorwurf: Beteiligung an einer terroristischen Vereinigung.[72, 73] Seine Präsenzen auf YouTube, Twitter und Tiktok sind mittlerweile gesperrt.[74] Seit 2021 tritt er auch auf Anti-Corona-Demonstrationen auf. Sellner ist seit August 2019 mit der US-amerikanischen Anhängerin der Alt-Right-Bewegung Brittany Pettibone verheiratet.

Auch Lichtmesz malt von den »Linken« angefachte Bürgerkriegsszenarien mit dickem Pinselstrich und kräftigen Farben: »Auf der Gegenseite auch, angeblich sind ja schon so Antifas aufmarschiert. Wir haben ja auch gesehen, wie im vergangenen Sommer das alles eskaliert ist, die ganzen Black-lives-Matter-Nummern, wo Städte gebrannt haben, und die Militärpolizei musste einschreiten.« Für ihn gibt es daraus nur eine logische Folgerung: »Dann werden auch die Leute von der Trump-Seite sich das nicht mehr bieten lassen. Es gab ja schon Tote, auf beiden Seiten, wobei die Aggression, soweit ich das sehen konnte, eindeutig von der linken Seite ausging. Die Medien haben in Deutschland kaum berichtet, da gab es zwei Trump-Anhänger, die von Antifas ermordet wurden …« Und die nächste Sequenz spule ich dann drei Mal zurück, weil ich sie so nicht glauben kann und weil ich sie wirklich präzise beschreiben will. Lichtmesz, den Kopf auf Daumen und Zeigefinger gestützt, den Blick leicht nach unten in die Kamera am Laptop gerichtet, die Augen exakt in der Mitte geteilt vom oberen Rand der Brille, sein Zeigefinger spielt am Kinn hin und her. Und dann wörtlich: »Dann gab's diese Geschichte da in Kenosha, wo ein siebzehnjähriger Trump-Anhänger mal drei Antifas«, und jetzt macht Lichtmesz eine kurze Pause und wirft mit einem kurzen, aber höhnischen Lächeln den Kopf zurück, »umgelegt hat ...«

Kenosha, Wisconsin

war Ende August 2020 Schauplatz von Unruhen. Auslöser war ein Polizeieinsatz, bei dem ein Beamter dem unbeteiligten Afroamerikaner Jacob Blake sieben Mal in den Rücken schoss. Ein Handyvideo des Vorfalles mobilisierte Demonstranten, es kam zu gewaltsamen Unruhen. In der dritten Nacht feuert der 17-jährige Kyle Rittenhouse, nach eigenen Angaben um ein angegriffenes Autohaus zu beschützen, mit einem militärähnlichen, halbautomatischen Gewehr auf drei Personen und tötete dabei zwei von ihnen. – Jacob Blake überlebte, von der Hüfte abwärts gelähmt. Die Staatsanwaltschaft verzichtete auf Strafverfolgung der beteiligten Polizisten, weil sie in Selbstverteidigung gehandelt hätten. Gegen Kyle Rittenhouse wurde Mordanklage erhoben. [75]

Der Livestream zählt jetzt am späteren Vormittag 95.000 Aufrufe, 6.048 Likes und gerade mal 139 Dislikes.

Der 4. November, der Tag nach der Wahl, das Ergebnis steht noch nicht fest, ist bei Tichys Einblick anscheinend der Tag der Jungredakteure: Aufmacher-Thema, zumindest am späteren Mittwochnachmittag: »Die deutschen Medien zur US-Wahl: Hoffen, leiden, verzweifeln.« [76] Der Text stammt von einer Autorin, Elisa David, der ersten weiblichen Stimme, die ich seit dem 28. August gefunden habe. Sie ist zwanzig und Stellvertreterin von Chefredakteur Air Türkis bei dem schon erwähnten Blog Apollo-News.

Der Text jedenfalls, der hier länger zitiert wird, weil er sich sonst nicht erschließt, liest sich wirklich erfrischend und fasst, wenn auch rotzfrech geschrieben, wahrscheinlich das Denken vieler der schon angesprochenen leisen Zweifler zusammen: »… geht man nach den deutschen Leitmedien, ist alles möglich – selbst der Umsturz der Demokratie weltweit. Denn ein Elefant ist los in Amerika. Er ist unberechenbar und unzurechnungsfähig. Ein Haufen verrückter Stereotyp-Patrioten mit Grashalm im Mund, Schrotflinte auf der Schulter und McDonald's im Blut haben ihm die Tür aufgehalten und jetzt trampelt der Elefant durchs Weiße Haus.« Elisa David beschreibt in der Tat ein journalistisches Phänomen der letzten vier Jahre. Bei der deutschen Presse kam Trump praktisch durchgehend schlecht weg. Dieser Eindruck hat, bei aller zwingend notwendigen Kritik bei vielen konservativen Zweiflern Spuren hinterlassen. Amüsant geschrieben überzeichnet die Autorin den Mann im Weißen Haus im Spiegel der deutschen Presse: »Vom ZDF bis zum Spiegel kann sich das niemand erklären. Der Elefant ist anders. Er ist groß und fett und hässlich. Seine Haare drehen sich alle in eine Richtung und sehen aus wie Sahnehäubchen auf seinem Kopf. Das gefällt den deutschen Medien überhaupt nicht. Aber was noch viel schlimmer ist, ist, dass der Elefant überhaupt nicht dressiert wurde. Er kann nicht auf Bällen balancieren, trampelt durch die Gegend und trötet einfach immer dazwischen. Wenn jemand nicht seiner Meinung ist, bewirft er sie mit Erdnüssen und er hat so grooooße Stoßzähne – so schöne Stoßzähne, er ist so stolz auf seine Stoßzähne.«

Elisa David
Die 2000 in Lübeck geborene Elisa David ist stellvertretende Chefredakteurin bei Apollo-News und Autorin bei Tichys Einblick. Nach ihrem Abitur im Jahr 2019 beginnt sie in ihrer neuen Wahlheimat Berlin ein Jurastudium.

In diesem Stil geht es weiter und es ist eine herbe Abrechnung mit den deutschen Leitmedien, so herbe, dass ich mir Zeile für Zeile sicherer werde: Viele Zweifler würden das unterschreiben.

Die nächsten Absätze treffen mich unversehens heftig. Oder bin ich jetzt sturmreif? In eine Diskussion am frühen Morgen hat das ZDF auch Beatrix von Storch eingeladen, der Autorin zufolge, »um dem Zuschauer noch einmal eindringlich klar zu machen, warum man als Trump-Anhänger nur absolut bescheuert sein kann.« Frau von Storch versucht dieser Schilderung nach Trump zu verteidigen, er hätte ja auch das ein oder andere richtig gemacht, wird aber von der Moderatorin deutlich ausgebremst. »[...] die Moderatorin Bettina Schausten sieht es als ihre Aufgabe, dem ein Ende zu setzen. ›Sie müssen jetzt hier keinen Wahlkampf zu Trump machen‹, faucht sie dazwischen. Von Storch versucht, sich zu verteidigen, sie hätte doch nur mal eine andere Seite schildern wollen. Bettina Schausten weist sie trotzdem zurecht, sinngemäß fordert sie sie auf, jetzt die Klappe zu halten, denn man hätte ihre Position jetzt verstanden.« Was passiert da gerade mit mir?

Fasziniert mich ein frecher Text? Oder finde ich mich gerade etwa, wo ich nie hin wollte, an der Seite von Frau von Storch? Auf jeden Fall, da bin ich mir sicher, habe ich ein riesiges Informations- und Faktenloch.

DEUTSCHLAND HAT EINE NEUE WOCHENZEITUNG

Es ist mittlerweile Freitag, der 6. November, und die Tonalität zur US-Wahl in der Anderswelt ist deutlich verhaltener geworden.

KenFM, das Medium, das sich nach eigenen Angaben »um

ein breites Meinungsspektrum« bemüht, jubelt heute: »Amerika verliert Wahl – Deutschland gewinnt freie Presse« [77]. Auch bei intensivem Bemühen ist der Zusammenhang nicht wirklich zu verstehen. Ein Mann namens Anselm Lenz, dessen Name mir schon irgendwo untergekommen ist, hat laut KenFM eine Wochenzeitung namens Demokratischer Widerstand gegründet. Schon im April 2020 soll sie zur auflagenstärksten Wochenzeitung der Republik geworden sein. Laut Eigenangaben »erreicht die Zeitung seit 24 Ausgaben Menschen, die ansonsten ausschließlich der Regierungs- und Konzernpropaganda ausgesetzt wären«.

Der Jebsen'sche Podcast dazu ist eigentlich nicht zusammenfassbar. Ich nehme zumindest mit, dass es jetzt ein neu gegründetes Verlagshaus gibt, das diese Wochenzeitung herausgibt, und dass KenFM deren Crowdfunding unterstützt.

> **Anselm Lenz**
>
> geboren 1980, reüssierte ab 2006 als Dramaturg und Regisseur an deutschen Bühnen. Seit einer Nominierung für den »Nestroy-Theaterpreis« ist er auf Lebenszeit Mitglied der Nestroy-Akademie. 2014 mitbegründete er das »Haus Bartleby« als »Zentrum für Karriereverweigerung«. Er schrieb, teils unter Pseudonym, für taz, Junge Welt und Die Welt. 2020 organisierte er »Hygiene-Demos« auf dem Rosa-Luxemburg-Platz in Berlin. Er gründete die »Kommunikationsstelle Demokratischer Widerstand«. [78] Bei Anti-Corona-Politik-Demonstrationen wurde er von der Polizei vom Platz geführt und kurzzeitig festgenommen.

Die Begründung, warum es dieses Blatt braucht, findet sich auf Seite eins der gerade aktuellen Ausgabe mit der Nummer 20:

»Während des derzeitigen Zusammenbruchs des Finanzmarktkapitalismus, der auch ohne Ausgangssperre stattgefunden hatte, projiziert das verfassungsbrüchige Regime seinen Hass und seine Panik auf uns, die anderen Menschen, die in dessen System nie eine grundlegende Wahl gehabt haben. Wir erleben unter dem Stichwort ›Corona‹ den Versuch einer terroristischen Diktatur der am meisten reaktionären, chauvinistischen und imperialistischen Elemente des Finanzkapitals.«[79] So die redaktionelle Selbstdarstellung.

Bei KenFM findet sich an diesem 6. November noch ein kurzer Absatz zu Trump und dann wieder eine Breitseite gegen die Medien, die ich selbst nach zweieinhalb Monaten unterwegs in diesem »medienkritischen« Umfeld in dieser Härte noch nicht gelesen habe. Die Erzählung: Im »abrupten home-office-Regime« funktioniere also der Gleichschaltungskurs über die Isolation der Redakteure, die »zentral dirigiert oder ignoriert« wurden. »In der Isolation der ›Bubble‹ wurde jeder innerbetriebliche Widerstand erstickt. Chefredakteure und ausgewählte Redaktionsleiter setzten den aus dem Kanzleramt und aus NATO-Stellen vorgegebenen Kurs um – und desinformierten damit absichtlich die Leser und Zuschauer.«

Ich bin fassungslos. Über vierzig Jahre im Mainstream-Journalismus liegen hinter mir, auch als Ressortleiter, auch als Chefredakteur. Anweisungen aus dem Kanzleramt, geschweige denn von der NATO gab es nie. Was ist mit Menschen passiert, die so etwas schreiben?

> Im persönlichen Gespräch 2011 mokierte sich **Jebsen**, er stelle mehr oder minder allein seine damalige Radiosendung her, der Sender kümmere sich nicht darum und strahle lediglich aus. Hier wie bei anderen vormaligen

»Mainstream«-Journalisten begegnet einem heute die durchgehende Erzählung von Obrigkeiten, Mächten, Befehlszentralen, die in die journalistische Unabhängigkeit eingriffen.

Die Junge Freiheit schürt in der Titelstory wieder einmal Ängste: »Corona und die totalitäre Herrschaft«[80], unterstützt von einem großformatigen Foto einer bis an die Zähne hinter dem Mundschutz bewaffneten Polizeieinheit. Deutlich weiter unten, eher unter ferner liefen, dann ein eher sachlicher Text darüber, dass Biden seinen Vorsprung ausbaut.

Tichys Einblick macht das »übliche Trump-Bashing« der anderen Medien zum Aufmacher und arbeitet sich an der gestrigen Maybrit-Illner-Sendung im ZDF ab.[81] Dem Text zufolge hat sich dort ein Diskussionsteilnehmer, den ich persönlich gut kenne und dessen Reputation als Unternehmer unumstritten ist, disqualifiziert. Martin Richenhagen, langjähriger CEO des Landmaschinenherstellers AGCO, eines der 500 größten US-Unternehmen: »Er hat seit 2011 die US-Staatsbürgerschaft. Das ist ein echtes Wunder, denn die Schnipsel Englisch, die er an diesem Abend gesprochen hat, waren mehr auf ›sänk ju foar traweling wis Deutsche Bahn‹-Niveau.« Oder: »Während er sich aufplustert wie ein Rohrspatz ...« Oder: »Er [gemeint ist Richenhagen] ist auch reich, führt auch eine erfolgreiche Firma – trotzdem kennt ihn niemand. Trump kennt jeder, obwohl er schon pleitegegangen ist. Das macht ihn [gemeint ist wieder Richenhagen] wütend.« Mich macht dieser Text wütend. Hier wird jemand niedergemacht, der erfolgreich ist und sachlich argumentieren kann. Geschrieben ist das wieder von der zwanzigjährigen Elisa David.

Ich habe mir bei diesem Versuch und der Versuchsbeschreibung streng verboten, in den Tonfall dieser »Alternativ-Medien«

einzusteigen, jetzt fällt es mir wirklich schwer, nicht so etwas wie R...göre zu notieren. Hetze ist das auf jeden Fall.

Bei dieser frühmorgendlichen Kurzübersicht wird wieder einmal deutlich: All diese Alternativ-Medien haben ein völlig anderes, sehr viel engeres Themensetting. Immer wieder dieselben Melodien in unterschiedlichen Aufgüssen: Medien, Migration, Merkel und immer wieder Corona. Präzise Sachstände gibt es kaum, jedoch auch nicht zum aktuellen Stand der US-Wahl.

Wie sieht die Welt außerhalb dieser Anderswelt an diesem Vormittag aus?

Nachrichtenlage

Tagesschau, Spiegel, Süddeutsche Zeitung und n-tv zeichnen ein völlig anderes Bild:

»Biden übernimmt Führung in Georgia«, »Trump gegen (fast) alle«.[82, 83]

»Biden geht laut Medienberichten in Georgia in Führung«, »Trump fordert Entscheidung durch Oberstes Gericht«, »Um Trump wird es einsam«, »Wirre Aussagen voller Hass – Twitter löscht Konto von Steve Bannon«.[84, 85, 86, 87]

»Biden überholt Trump in Georgia«, »Der eingeredete Betrug – Mit einem Auftritt im Weißen Haus erneuert Trump seine haltlosen Vorwürfe, die Wahl sei ein einziger Betrug der Demokraten«, »Das ist ein Tabubruch – Der deutsche Chef der OSZE-Wahlbeobachtermission sieht durch die Vorwürfe von Präsident Trump das Vertrauen in den Wahlprozess unterminiert«.[88, 89, 90]

»Biden liegt mit 253 Wahlmännern vorne«, »Erste Republikaner distanzieren sich von Trump«, »Bewaffnete Trump-Anhänger vor Wahlkampfbüro in Phoenix«, auch »Trumps Wähler halten Siegeserklärung für verfrüht«,

»US-Sender schalten Trumps Rede ab« (er hat offensichtlich wieder ohne jeden Beweis von illegalen Stimmen gesprochen), »Trumps Sohn will ›totalen Krieg‹ um die Wahl«.[91]

11:10 Uhr: Laut n-tv hat Twitter den Account von Ex-Trump-Intimus Steve Bannon gelöscht. Er hat schon mal vorab fälschlicherweise behauptet, Trump habe die Präsidentenwahl gewonnen. Trump habe die Präsidentenwahl gewonnen. Und: er fabuliert über den Virologen Anthony Fauci und den FBI-Direktor Chris Wray: »Ich würde die Köpfe aufspießen. Ich würde sie an zwei Ecken des Weißen Hauses positionieren, als Warnung an die Bürokraten der Bundesregierung«.[92]

Das ist wieder einmal ein Moment, wo ich mich intensiv frage, ob das, was ich hier mache, überhaupt verantwortbar ist. Funktioniert so eine Gehirnwäsche? Meine Widerstandskräfte sind sicher hoch, aber natürlich gibt es bei mir auch Zweifel, z.B. ob das deutsche mediale Sperrfeuer gegenüber Trump dann nicht doch zu einseitig war. Schwer zu beschreiben, was mit mir gerade passiert. Im Kopf geht's irgendwie rund. Die fast ausschließlich negativen Texte über eine zunehmende Überfremdung, eine unfähige Regierung, den Zusammenbruch des Wirtschaftssystems und die drohende Übernahme der Weltherrschaft wahlweise durch George Soros oder Bill Gates zeigen Wirkung. Und jetzt fällt mir ein passender Ausdruck dafür ein: Destruktiver Journalismus.

In meiner aktuellen, der Anderswelt wird immer wieder in dieselbe Kerbe gehauen: Bei Tichys Einblick arbeiten sich Kolumnist Peter Hahne, der ehemalige ZDF-Nachrichtenmoderator, und der TE-Stammautor Tomas Spahn[93] an den Mainstream-Medien ab. Hahnes Breitseite ist genauso rechthaberisch wie brutal formuliert. Auch hier braucht es des Verständnisses wegen einen längeren Ausschnitt: »Für naive Westeuropäer, die sich völlig willig, gläubig und staatsfromm ›vom privaten Lockdown der Frau Merkel‹ (FDP-Vize-Chef Kubicki) dressieren lassen, ist Trump schlichtweg ein Idiot, ein Clown, ein Irrer.« Und weiter: »Welches Niveau solche Leute haben«, angesprochen waren gerade drei amtierende Minister, Heiko Maas, Annegret Kramp-Karrenbauer und Peter Altmaier, »das war überdeutlich in dieser Wahlnacht zu sehen.« »Das Wünsch-dir-was-Denken«, schrieb Hahne schon an Tag eins der Auszählung und meinte die Vorhersagen eines sicheren Biden-Siegs, »ausgegeben als seriöse Information, ist geplatzt wie eine Seifenblase.«

Zumindest im letzten Satz steckt schon auch ein Kern Wahrheit, und genau das erinnert an die Erkenntnis, wie gefährlich Nachrichten sind, die nur ganz knapp neben der Wahrheit liegen, vor allem dann, wenn sie auf ausreichend gefestigte Vorurteile treffen. Prinzip Stammtisch, anders kann und will ich den Text des ehemaligen ZDF-Nachrichtenmoderators nicht einordnen.

Immer wieder geistert das Stichwort Wahlfälschung durch meinen Teil des Internets. Ich google ein bisschen und lande bei diesem Stichwort umgehend bei PI-News.

Der Aufmacher mit giftig rot gefärbter Überschrift immer noch: »Biden – Strategie der Corona-Instrumentalisierung grandios gescheitert«. Dann ein Artikel mit der klaren Ansage: »Warum Donald Trump auf jeden Fall der Gewinner ist.« [94]

Eingebettet ist das in ein stramm rechts orientiertes Anzeigenumfeld mit Buchtiteln wie »Vorsicht Diktatur« (gemeint ist Deutschland) oder Verlagen wie »Ahriman« oder der »Edition Finsterberg – Der Neue unter den Neurechten«.

Für Autor Hübner, nach Verlagsangaben langjähriger Mitarbeiter von PI-News und früher Stadtverordneter der rechten

»Bürger für Frankfurt«, ist das Ergebnis, das jetzt am Freitag um 17:00 Uhr, als ich diesen Artikel lese, anscheinend immer noch nicht feststeht, »ein noch größerer Triumph als 2016«. Laut Hübner war die größte Gefahr, dass Trumps Gegner ihm seine »Anti-Corona-Politik« (klingt auch irgendwie komisch, eine Anti-Corona-Politik war ja nicht so richtig zu erkennen) zum Vorwurf machten. Aber: »Es ist gut für die USA, gut für die Welt und gut für das nichtverhetzte Deutschland, dass diese teuflische Strategie gescheitert ist.« Das »verhetzte Deutschland« bin dann ja wohl auch ich.

Was ich hier in den Anzeigen noch finde, ist ein circa drei mal drei Zentimeter großer Button, der für eine Website namens Krautzone wirbt. Krautzone ist laut Eigenwerbung »Deutschlands reaktionärstes Magazin …«

TRUMPS NIEDERLAGE WIRD WEITER ANGEZWEIFELT

In den nächsten Tagen findet sich praktisch keine wirklich greifbare, klare Meldung zum Wahlausgang. Das kurze Durch-die-Seiten-Flippen ergibt, dass Joe Biden einen hauchdünnen Vorsprung hat. Nie wirklich angreifbar, aber immer unterschwellig, schlägt der Vorwurf in praktisch allen Publikationen durch, es sei doch nicht alles mit rechten Dingen zugegangen.

Bei KenFM in der Videorubrik finde ich, geschrieben von einem Autor namens Rainer Rupp, einen Kommentar, der in den Worten gipfelt: »Die Trumpisten sehen im Regierungsapparat in Washington und den daran hängenden Behörden nur noch einen Rest, in dem sich Monster wie Schweine suhlen und nur noch einer Beschäftigung nachgehen, nämlich sich auf Kosten der kleinen Leute selbst zu bereichern. Trump dagegen hatte geschworen, diesen Sumpf in Washington trockenzulegen und Jobs wieder nach Amerika zurückzuholen. Von seinen Anhängern ... wird er wie der neue Heilsbringer verehrt.« [95]

Der Sonntag nach der Wahl: Biden hat auch den Meldungen in der Anderswelt zufolge gewonnen, aber so richtig anscheinend doch nicht, zumindest wenn ich den Aufmacher von Roland Tichy auf mich wirken lasse: Für ihn ist es nicht nur ein Sieg der Demokraten, sondern auch der Medien, die eben auch ihren Sieg feiern und den neuen Präsidenten ausrufen. Aber, so Tichy wörtlich: »Darf man daran erinnern, dass es angesichts der offenkundigen Schwindeleien zu Nachzählungen kommen kann und zu Gerichtsverfahren? Das würde nur den Jubel vermiesen.«

Aha, aber am gestrigen Abend haben doch Politiker weltweit schon gratuliert, darunter, das schließe ich aus dem Text, die SPD-Vorsitzende Saskia Esken, die wohl an »Kamala« schrieb. Bei Tichy, der Chef hat gestern Abend selbst geschrieben, klingt das so: »Die Freude ist auch sonst groß in Deutschland. Saskia Esken spricht Kamala Harris, die Vize-Präsidentin, gleich mit dem Vornamen an. Das wird die sich bald verbieten, die vice-president-elect, von einer Dritte-Welt-Sektenführerin geduzt zu werden.« Die Regierungspartei SPD als Sekte, die Bundesrepublik als Dritte-Welt-Land, so kann man die Welt also auch sehen. [96]

Doch wer dies schon als Unverschämtheit sieht, sollte weiter zu PI-News klicken, wo sich der Ex-Kulturchef des Spiegel, Matthias Matussek austobt.

Wörtlich und ungekürzt: »Dafür hat pretty Brittany Klartext getwittert, die Frau von Martin Sellner unter ihrem maidenname Pettybone, und interessante Statistiken zu Wählerbewegungen beigesteuert. Der Anteil der weißen Männer für Trump ist zurückgegangen, da habt ihrs, ihr hysterischen linken Penner, ihr, um jetzt mal meinen Freund Akif Pirincci zu zitieren, linksgrün versifften Schwuchteln, die ihr immer von Trump als Kandidaten für alte weiße Männer geschwafelt habt, laberlaberlaber, schon wieder daneben gelegen, warum hört euch überhaupt noch einer zu, ihr marxistischen kriminellen Knallköpfe aus Genderseminaren und lilapink gepolsterten Schmuse-Ecken in den Schneeflöckchen-Schutzzonen, wenn ihr nicht gerade wieder Bambule macht. Ach übrigens die ›Schwuchteln‹: Großer Ärger in der LGBTQ-Gemeinde, weil offenbar 45 Prozent der männlichen Homosexuellen Trump gewählt haben. 90 Prozent der Journalisten sind linksgrün. Das entspricht – jetzt rein rechnerisch – einem Schwachsinnigen-Anteil von 100 Prozent und wenn man Helge Lindh, den hässlichen Deutschen aus der hässlichen SPD dazurechnet, sind wir schon bei 115 Prozent. Um es jetzt mal ein für allemal in die Kartonschädel zu hämmern, die uns Abend für Abend einen Erdrutschsieg für Biden prophezeit hatten, weil Trump ein Rassist sei: Der Anteil der Schwarzen für Trump ist gestiegen, auch der der Latinos – überhaupt hat dieser republikanische Präsident die meisten Stimmen von minorities seit den 60er Jahren des vorigen Jahrhunderts auf sich vereinigt. Die hatten von der Schmierigkeit der sulzigen Dems und der komplett bescheuerten und ideologisch schuldfreien Radikalität ihrer marxistischen black-lives-matter und Antifa-Street-Gangs die Nase voll.«[97]

Soweit der ehemalige Kulturchef des Spiegel. Was dort noch Widerspruchsgeist und pointenreich gewesen sein mochte, kommt jetzt wie »nach Diktat vergreist« rüber und ist erstaunlich faktenfrei.

Matthias Matussek,

ehemaliger Kulturchef des Spiegel, ausgezeichnet u. a. als Sonderkorrespondent in Ostberlin in der Wendezeit mit dem Egon-Erwin-Kisch-Preis.[98] Danach leitete er die Spiegel-Büros in New York, Rio de Janeiro und London, bis er 2005 den Posten als Kulturchef übernahm und dies für drei Jahre blieb.[99] Bis 2014 hatte Matussek einen Vlog (Matusseks Kulturtipp) auf Spiegel Online. Danach Wechsel zur Axel Springer AG, wo er für Die Welt als Kolumnist arbeitete. Als er sich kurz nach den Terroranschlägen in Paris vom 13. 11. 2015 mit einem zynischen Facebook-Post, in dem er diese instrumentalisierte, um gegen die deutsche Asylpolitik zu wettern, zu Wort meldete, beendet die Axel Springer AG die Zusammenarbeit und distanzierte sich von Matussek.[100] Nur wenige Tage später tritt er als Laudator auf einer Preisverleihung der neurechten Jungen Freiheit auf. Seitdem ist Matussek immer wieder mit rechten Äußerungen auffällig geworden. So seien die Aktionen als rechtsextremistisch beobachteten Identitären Bewegung, der Matussek sich verbunden fühlt, »einfach so geil«[101]. Beim Klimawandel fomuliert Matussek mehrdeutig[102], und er sieht Deutschlands rechtstaatliche Ordnung durch »Masseneinwanderung« und »Islamisierung« bedroht.[103][104] Aktuell ist Matussek Gastautor bei der Achse des Guten, Tichys Einblick, Cato und weiteren rechten Medienplattformen.

Weiter geht's bei PI mit komplizierten Wahlfälschungsvorwürfen, die weitestgehend bei Breitbart abgeschrieben sind unter dem Titel: »Systematischer Wahlbetrug durch Auszählungs-Software ›Dominion‹.«

»Der Krimi um den Ausgang der US-Präsidentschaftswahlen geht weiter: Im Wahlkreis Antrim in Michigan wurden 6.000 Stimmen für Donald Trump aufgrund eines Software-Fehlers Joe

Biden zugerechnet. Die Republikaner fordern eine Nachprüfung aller 47 Wahlkreise in Michigan. Die manipulationsanfällige Software wurde in insgesamt 30 Bundesstaaten verwendet.«[105]

Offen gestanden frage ich mich, ob und was an dieser Meldung glaubhaft ist. Für mich nichts, jedenfalls nicht bei der Quelle Breitbart[106], die einfachst recherchierbar ist. Aber anscheinend, wenn ich in die Hunderte von Kommentaren klicke, bin ich bei Politically Incorrect der Einzige, der das hinterfragt.

Bei MMnews stößt »Der Analyst«[107], wer immer sich dahinter verbergen mag, in dasselbe Horn: »Es gibt deutliche Hinweise darauf, dass der Sieg von Joe Biden bei der Präsidentschaftswahl in den USA das Ergebnis einer breit angelegten Manipulation bei den Briefwahl-Stimmen ist, die in diesem Ausmaß ihresgleichen sucht.«

Und auch bei TE reklamiert Jungautor Türkis Wahl-Unregelmäßigkeiten: »Die demonstrative Gleichgültigkeit gegenüber Wahl-Unregelmäßigkeiten ist bemerkenswert.«[108]

Eine weltweit anerkannte Partei mit jahrhundertealter demokratischer Tradition soll bewusst Wahlen gefälscht haben. Es gibt Menschen, die das glauben. Und es sind viele.

In den nächsten Wochen wird es in der Anderswelt sehr still werden um das Thema US-Wahl. Es gibt keine dunklen Wolken am Horizont, keinen drohenden Bürgerkrieg. Die Junge Freiheit kommentiert Joe Bidens Schattenkabinett Ende November klar und deutlich: »Der Sumpf ist zurück«[109], und Tichys Einblick bietet ein eher nüchternes Interview mit Stefan Prystawik, dem langjährigen Sprecher der »republicans abroad«, der Auslandstochter der republikanischen Partei.[110] Zu einem Foto, das Trump mit herabhängenden Mundwinkeln zeigt, und auf die Frage, was denn Trumps Festklammern am Amt bedeutet, bietet er zumindest eine andere Sichtweise:

»Es macht wenig Sinn, über Trumps Psyche zu spekulieren. Aber er schadet damit den USA. Diese ständige Behauptung, er sei Opfer böser Machenschaften, richtet sich gegen die Institutionen und gegen die Mitarbeiter der Verwaltung. Er sät Misstrauen, ohne dass er tatsächlich irgendwelche Belege für die behaupteten Machenschaften vorlegen kann.«

Sogar Matussek, diesmal bei Tichys Einblick, wirkt milder als in der Wahlnacht: »Der Platz in der Geschichte ist ihm (Trump) sicher, egal was deutsche Amerikahasser dazu meinen.« [111]

DAS ANGEBLICHE »ERMÄCHTIGUNGSGESETZ«

Auch am 16. und am 17. November ist wieder alles bei allen schlecht: Compact legt im Newsletter, den ich mir bestellt habe und den ich täglich erhalte, gleich einmal richtig los: »Liebe Leser«, heißt es dort, »am morgigen Tag könnte es eine Neuauflage des Ermächtigungsgesetzes von 1933 geben. Das im März 1933 erlassene ›Gesetz zur Behebung der Not von Volk und Reich‹ gab dem Führer praktisch alle Macht in die Hand und hebelte die Rechte des Parlaments aus. Gleiches geschieht jetzt, nur die handelnden Personen haben gewechselt.« Gemeint ist das im Kabinett und im Bundesrat schon verabschiedete Infektionsschutzgesetz, das schnelles politisches Handeln in Pandemiesituationen ermöglichen und erlauben soll. In der Anderswelt wird dieses Gesetz fast ausnahmslos zum »Ermächtigungsgesetz«.

Das Ermächtigungsgesetz
Zusammen mit der vorher erlassenen »Reichstagsbrandverordnung« gab das »Gesetz zur Behebung der Not von Volk und Reich« Hitlers Regierung alle Instrumente in die

Hand, ohne und gegen alle Verfassungsorgane zu regieren. Danach konnte die Regierung allein Gesetze beschließen, mit diesen Gesetzen von der Reichsverfassung abweichen und entsprechend auch mit dritten Staaten ohne die gesetzlich zuständigen Körperschaften Verträge abschließen. Es bildete die rechtliche Grundlage der Diktatur. Dem Gesetz stimmten NSdAP, DNVP, Zentrum, Bayerische Volkspartei und Deutsche Staatspartei zu. 94 Abgeordnete der SPD stimmten dagegen, weitere 28 waren bereits inhaftiert oder geflohen; die 81 Abgeordneten der KPD waren vor der Sitzung verhaftet, geflüchtet oder untergetaucht. Es trat am Folgetag der Abstimmung, am 24. 3. 1933, in Kraft.

Es wird in diesen Wochen nicht der letzte schiefe Vergleich zur NS-Zeit sein. Heute geht bei Compact das Szenario erst einmal weiter: »... eines ist jetzt schon klar, nach dem 2. wird es auch Lockdown 3 und 4 geben!« Angekündigt wird dann die nächste Querdenker-Demo für den kommenden Tag vor dem Reichstag. Compact TV wird live übertragen. [112]

Auch bei Tichys Einblick überwiegt der alarmierende Grundton. Ebenso bei einem jungen Mann, der in der Szene als Nachwuchstalent gilt. »neverforgetniki« ist der »Künstlername« eines sehr jungen Mannes, der im Regelfall bei seinen Videos vor einer weißen Wand sitzt, frontal in die Kamera schaut und mit leicht überhöhter Geschwindigkeit redet. Das Video vom 16. November hat einen klaren Titel: »IST DAS WAHR? Regierung DREHT DURCH!« Das »Ermächtigungsgesetz ist nur dazu da, um unbefristet durchregieren zu können in Sachen Corona« und weiter: »Wehe, man stört beim Durchregieren.« Ihm zufolge geht es darum, eine öffentliche Diskussion auszuschließen. »Ist es überhaupt vorgesehen, dass normales Leben wieder möglich wird?«

Auf wie viele Vorurteile muss so ein Statement treffen? Es gibt
26.000 Likes dafür. [113]

Niki

von »neverforgetniki« heißt mit bürgerlichem Namen Niklas Lotz und ist zum Zeitpunkt der Recherche 20 Jahre alt. Correctiv zufolge bezeichnet er sich selbst als konservativ und »wehrt sich gegen den Vorwurf, er sei rechts oder rechtsextrem«. »Sie [gemeint ist neben Lotz die rechte Bloggerin Naomi Seibt] bewegen sich in der Sphäre der Neuen Rechten, die sich eine eigene Medienöffentlichkeit aufbaut und Nachwuchs heranzieht, um ein junges Publikum zu erreichen. Sie verbreiten Desinformation.« Unterstützt wird er von bekannten rechten Publizisten wie Michael Mross, David Berger (Philosophia Perennis) und Heiko Schrang (Schrang TV). [114]

Sieben Stunden, 29 Minuten und 56 Sekunden lang wird am Ende die Liveübertragung der Querdenker-Demo von Compact TV sein. Etwa tausend Menschen haben sich um neun Uhr früh vor dem Brandenburger Tor versammelt. Mund- und Nasenschutz ist bei fast keinem der Teilnehmer auf den Bildern zu sehen. Und was das Wort Abstand für die Demonstranten hier bedeutet, wird schon nach gut zwanzig Minuten klar. Eine anscheinend in der Szene bekannte blonde Frau namens Miriam umarmt den Reporter mit lautem Lachen. »Wir sind eins Komma fünf Meter getrennt, das seht ihr doch alle.« Mit einer weißen Rose (!) in der Hand sagt sie: »Es geht um nichts weniger als um unser Leben ... Ich weiß, es ist überall abgesperrt von den zwanzigjährigen Polizisten, die sie eingestellt haben, um uns zu unterdrücken.« Frenetisch schreit sie: »Lasst die Leute durch. Es sind Hunderttausende unterwegs!« Die Zahl Hunderttausend wird selbst in meinen Quellen nirgends wiederholt. Für mich ist das wieder einmal ein Moment, der mich erdet. Das kann alles nicht wahr sein, aber es darf wahr sein. Der ständigen Behauptung zum Trotz, man dürfe in diesem Land seine Meinung nicht mehr kundtun, findet diese Demonstration statt. [115]

Jürgen Elsässer macht dann zwischendurch im Gespräch mit einem Passanten Schleichwerbung für sein eigenes Magazin, das er vorstellt als das »einzige Magazin, das gegen die Corona-Krise anschreibt«. In jedem seriösen TV-Medium wäre diese nicht gekennzeichnete Werbung für ein eigenes Produkt undenkbar oder würde massive Reaktionen der Aufsichtsbehörden nach sich ziehen. Dass Compact das einzige Magazin ist, das gegen die »Corona-Krise anschreibt«, müsste selbst für eingefleischte Querdenker als offensichtliche Lüge erkennbar sein, doch es wird die harmloseste dieses Tages sein. Elsässer gibt dann noch einen Tipp, wie man die Vertreter der verschiedenen Medien auseinanderhalten kann: »Man erkennt die Journalisten des Mainstreams daran, dass sie Masken aufhaben. Das sind wirkliche Untertanen.«

Ein paar Minuten später präsentiert die blonde Miriam mit der weißen Rose – sie ist anscheinend auch Reporterin – einen jungen Mann, Christoph, der ins Mikrofon brüllt, was offensichtlich die meisten hier denken: »Wir müssen alle aufstehen, ihr werdet in zwei Monaten alle merken, dass ihr zu spät aufgestanden seid!« Und Miriam legt nach: »Die« – gemeint ist wohl so etwas wie eine nicht näher genannte Obrigkeit – »werden uns wegsperren, früher in den Dreißigern haben sie den Leuten auch nicht gesagt, was ihnen blüht. Genauso ist es heute ...«

Die Bilder, die Compact TV, aber auch der russische Propagandakanal RT Deutsch live übertragen, zeigen keine Reichsflaggen, keine rechte Symbolik, keine offensichtlich erkennbaren rechten Symbole, keine schwarzen Jacken und keine Springerstiefel. Alle diese Menschen in ihren Funktionsjacken könnten meine Nachbarn sein. Die Interviews mit den Demonstranten haben klare Aussagen: Corona gibt es gar nicht und die Freiheit in Deutschland ist in Gefahr. Den Bildern nach ist schwer zu schätzen, wie viele Demonstranten sich an diesem nasskalten Novembertag vor dem Brandenburger Tor versammelt haben. Fünftausend? Eher mehr. Das ist in etwa das, was sich aus den übertragenen Bildern herauslesen lässt.

Die Bildqualität ist miserabel, als kurz vor 12:00 Uhr erste Wasserwerfer aufgefahren werden. Weil die Internetverbindung für eine Übertragung zu schwach ist, kann der Compact-TV-Reporter die Wasserwerfer im Hintergrund nicht zeigen. Gerüchte machen die Runde. »Die Polizei habe nicht nur Wasserwerfer, sondern auch Hunde ...« Dann bricht die Übertragung wieder ab. »Die Lage ist gespannt«, reportiert Elsässer weiter, »wenn es zu einer Eskalation kommt, ist das nicht gut.«

Unter einer der vielen Signalunterbrechungen bei Compact TV kommt es zum Wasserwerfer-Einsatz. Während die Menge »Wir sind das Volk« skandiert, regnet es von vorne auf die Teilnehmer herab. Gegen 15:00 Uhr setzt das Bild wieder ein, der Wasserwerferregen dauert an. Aus den Interviews bei Compact TV geht hervor: V-Männer hätten wohl die Polizei provoziert.

Polizeibericht

»Die Aufforderung zum Tragen eines Mund-Nase-Schutzes an die rund 7.000 Menschen am Brandenburger Tor wurde nicht befolgt. Deshalb wurde die Versammlung um 12 Uhr für beendet erklärt. Da jedoch viele Teilnehmer verblieben, wurden Wasserwerfer eingesetzt. (Nach Informationen der dpa: 5 Fahrzeuge.) Nach Angaben eines Polizeisprechers wurden die Demonstranten mit einem Sprühnebel beregnet und keinem direkten Strahl ausgesetzt, weil auch Kinder und Jugendliche unter den Protestierenden waren.« [116]

Im Polizeibericht selbst ist von »zwischenzeitlich 9.000 Teilnehmern« die Rede. Er betont das Scheitern »sämtlicher kommunikativer Versuche« und den »Einsatz des Wasserwerfers als letztes Mittel, das mehrfach angekündigt wurde«. 77 von rund 2.500 Einsatzkräften hätten Verletzungen erlitten, 365 Personen seien festgenommen worden. [117]

Von YouTube wird mir eine Quelle namens »Epoch Times« empfohlen. Die Website liefert tags darauf eine Videoreportage nach. Zwischenzeitlich wurde sie gelöscht und wer bei Youtube nach Epoch times sucht, kann mittlerweile einen Warnhinweis lesen: »Diese Seiten verbreiten in Deutschland die meisten Fake News. Erst denken, dann lesen. [118]

Epoch Times Deutschland
ist eine Website im Medienverbund der Epoch Media Group, der eigenen Webpage zufolge »geleitet von den Prinzipien der Wahrheit und Tradition«. [119] Gegründet wurde sie von dem chinesischen Milliardär John Tang und anderen Exilchinesen. Dem »Epoch«-Verbund wird teils Nahe, teils Überschneidung mit der »Falun Gong«-Bewegung attestiert. Teil des Verbunds ist auch der Fernsehsender NTD, (New Tang Dynasty Television), der in mehreren Sprachen sendet und eine technische Reichweite von 200 Millionen

Zuschauern hat. NTD unterstützt mit Wahlkampfspenden und einer sehr aggressiven Berichterstattung Donald Trump. [120]

Die Website der Epoch Times Deutschland wurde 2004 gelauncht. Die Zeit nennt sie 2017 »das Leitmedium der Rechtspopulisten«. [121]

Die Abläufe nach Darstellung der Epoch times lassen sich jedoch auch aus dem sachlichen Live-Ticker [122] herausarbeiten. »Die Polizei benötigte mehrere Stunden, um die in der Spitze mehr als 5.000 Demonstranten zurückzudrängen. Erst am späten Mittwochnachmittag lösten sich die letzten großen Gruppen am Brandenburger Tor auf.«

Bei mir entsteht aus dem, was ich in der Anderswelt lese, ein ähnlicher Eindruck wie schon im bei der großen Anti-Corona-Demo im August: eine weitgehend friedliche Demonstrantenschar. Diesmal aber standen diese demonstrierenden Mitbürger einer aggressiven Staatsmacht gegenüber.

Ein anderes Bild

zeichnet ein Video, das die Organisation democ bei Youtube hochlädt. [123] Zu sehen sind extrem aggressive Demonstranten, die das Kamerateam wüst beschimpfen und in Kameras schlagen. »Auf Plakaten wurde Merkel mit Hitler verglichen und wurden antisemitische Symbole benutzt.« Belegt wird, dass zahlreiche Rechtsextreme und AfD-Politiker an der Demonstration teilnahmen. »Protestierende warfen Feuerwerkskörper und griffen Polizistinnen an. Viele Rechtsextreme standen bei den Auseinandersetzungen in der ersten Reihe.«

In der Bilddokumentation dazu findet sich auch ein Foto eines ehemaligen Kollegen.

Armin-Paulus Hampel
war vor seiner Tätigkeit als außenpolitischer Sprecher der AfD-Fraktion im Bundestag Journalist bei RTL, Sat.1, MDR und zuletzt für die ARD Leiter des Studios in Neu-Delhi. Nach seiner Rückkehr nach Deutschland im Jahr 2013 trat er der frisch gegründeten AfD bei und wurde im November desselben Jahres Landesvorsitzender in Niedersachsen. Über deren Landesliste zog er 2017 in den Bundestag ein. [124] Hampel verlor den Landesvorsitz 2018, als das AfD-Bundesschiedsgericht den kompletten Landesvorstand Niedersachsen auflöste. [125]

Kurz vor Jahresende (21. Dezember) kommt Epoch Times im Podcast mit der Episodennummer 487 nochmals auf den Polizeieinsatz vor dem Reichstag im November zurück: »Berliner Senat bestätigt: Gewalt bei Corona-Demo ging von Linksextremen aus.« [126] Diesem Podcast zufolge gab es 257 Strafverfahren gegen Demonstranten. 79 Polizisten wurden verletzt.

Polizeibericht
Die Zahlen stammen von der Berliner Polizeipräsidentin. Barbara Slowik warnt auf einer Pressekonferenz laut Tagesspiegel [127] vor einer zunehmenden »Brutalität der Corona-Demonstranten«. Wörtlich sagt sie: »Wir sind vom ganz bunten Publikum weggekommen und haben es zunehmend mit einem Spektrum von Menschen zu tun, die unser System generell ablehnen und bereit sind, dafür extreme Gewalt anzuwenden.«

Laut Epoch Times hat dazu der Abgeordnete Marcel Luthe eine Anfrage an den Berliner Senat gestellt. Und dort wiederum wurde am 14. Dezember bestätigt, dass 78 der 79 verletzten Beamten »durch Fremdeinwirkung« verletzt wurden. »Alle in Zusammenhang mit der Versammlung ›Antifaschistische Versammlung gegen Querulanten und Feinde der Gesellschaft‹.« Im Podcast zitiert nach Aktenzeichen 18/25655.

Polizeibericht

Das ist ein Trick: Die »Querdenker« hatten ihre eigene Demo unter diesem Titel »Antifaschistische Versammlung gegen Querulanten und Feinde der Gesellschaft« angemeldet.[128] Im Polizeibericht (s.o.) werden 77 verletzte Einsatzkräfte gemeldet. Das kann sich an den Folgetagen noch erhöht haben. »In der Folge griffen einzelne Gruppen aus der Ansammlung heraus die Einsatzkräfte massiv an. Es wurde teilweise versucht, die Helme der Beamtinnen und Beamten vom Kopf zu zerren. Bei einigen Einsatzkräften wurden die Helmvisiere hochgerissen und die Angreifer haben ihnen Reizgas ins Gesicht gesprüht. Darüber wurden die Einsatzkräfte mit Flaschen, Steinen und Pyrotechnik beworfen ... Etwa 40 Hooligans versuchten nun, die Absperrlinien im Simsonweg zu durchbrechen, um in Richtung Reichstag zu gelangen, woraufhin die Einsatzkräfte Reizgas gegen die Personen einsetzen mussten und der Versuch des Durchbruchs der Absperrlinien verhindert werden konnte. Über die Yitzhak-Rabin-Straße strömten viele Personen in Richtung Platz des 18. März und griffen wiederholt massiv die Einsatzkräfte an. Hierbei versuchten Gewalttäter, einzelne Beamtinnen und Beamte zu isolieren und in die Menschengruppe zu ziehen. Während einzelne Tatverdächtige durch

> die Einsatzkräfte festgenommen wurden, griffen Personen die Beamtinnen und Beamten an, schlugen und traten auf diese ein und verhinderten in mindestens drei Fällen die Festnahmen von Straftätern. Einzelne Personen nahmen die vor Lokalen stehenden Stühle sowie Tische auf und bewarfen die Einsatzkräfte damit. In der Folge wurde der Wasserwerfer nach vorangegangenen Androhungen des Einsatzes gegen die ehemaligen Versammlungsteilnehmenden in Form einer Beregnung eingesetzt. Parallel wurden Straftäterinnen und Straftäter festgenommen.«

Und der Trick funktioniert: Das Aufscheinen des Wortes »Antifaschistisch« in der Demo-Anmeldung der »Querdenker« genügt. Die eigene Online-Gemeinde versteht nur »Antifa« und innerhalb von 24 Stunden wurde dieser Artikel 629 Mal kommentiert: »Wie immer, die Merkel'sche Anitfa-Schlägertruppe war es«, schreibt Karl Heinz Zimmermann. Oder Bedolf Prost: »Die haben sich nur gemeinsam vergnügt. Sie werden ja auch beide, Polizei und Antifa, aus derselben Kasse bezahlt.«

> FK: Was geht dir bei so einem Text, bei solchen Internetkommentaren durch den Kopf?
> HD: Jetzt habe ich knapp vier Monate in der Anderswelt hinter mir und immer wieder gedacht: Verrückter geht das nicht mehr. Doch heute, am 21. Dezember, wo ich dies schreibe und wir beide darüber reden, habe ich wahrscheinlich das unterste Ende dieser Fahnenstange gesehen. So behämmert, mir fällt leider kein präziseres Wort ein, kann doch niemand sein. Das zu schreiben, oder das zu glauben. Eigentlich dachte ich das schon vor acht Wochen, in der Nacht der US-Wahl.

Wo Epoch Times selbst sich sieht, macht dann ein Trailer über ein Buch mit dem Titel »Wie der Teufel die Welt beherrscht« deutlich: »Krankheiten wie Covid-19, Katastrophen und seltsame Naturereignisse machen den Menschen aufmerksam: Etwas läuft schief, es läuft tatsächlich etwas sehr schief. Die Gesellschaft folgt verblendet dem Gespenst des Kommunismus, einem gefährlichen Weg. Es ist der Kampf zwischen dem Guten und dem Bösen, zwischen dem Göttlichen und dem Teuflischen, die in jedem Menschen wohnen. Dieses Buch schafft Klarheit über die verborgenen Geheimnisse der Gezeiten der Geschichte, die Masken und Formen, die das Böse anwendet, um unsere Welt zu manipulieren, und es zeigt einen Ausweg.« Dazu fällt mir nur noch das achte der zehn Gebote ein: »Du sollst nicht falsch Zeugnis reden wider deinen Nächsten.« [129]

HALBZEIT IN DER ANDERSWELT

Seit dem 28. August informiere ich mich praktisch ausschließlich aus alternativen Medien von Tichys Einblick bis Compact. Die Seitenwege und die vielen empfohlenen Abzweigungen haben mir »neverforgetniki«, »Air Türkis«, Apollo News, und die »Achse des Guten« nähergebracht. Immer wieder begegnen mir Oliver Janich, Thilo Sarrazin und Martin Sellner. Wiedergefunden habe ich viele alte Bekannte und ehemalige Kollegen, Wolfgang Herles und Matthias Matussek zum Beispiel. Zeit für eine Zwischenbilanz.

>   FK: So, lieber Hans – Wochen, Monate des Selbstversuchs. Wie tief steckst du drin?

HD: Ja, im Moment ist so was wie Halbzeit und ich stelle zweierlei fest: Erstens – ich stumpfe immer mehr ab. Rege mich gar nicht mehr auf, warte eher auf das nächste absurde Highlight. Davor, zweitens, lagen Momente wirklicher Verzweiflung. Da dachte ich, jetzt muss ich dich anrufen, damit du mir den Kopf zurechtsetzt – sozusagen als Gegengift.

FK: Also, du bist unsicher geworden? Oder strauchelnd, oder wusstest du nicht mehr, was du glauben kannst?

HD: Ja, alles das. Also, da ist Unsicherheit. Beispiel: Die Trump-Berichterstattung. Was ich zuvor in den klassischen, den »Mainstream-Medien«, der »System-Presse« über ihn erfahren habe – übrigens um seine erste Wahl herum auch selbst verantwortet habe –, ergab einfach das Bild eines völlig unfähigen Menschen. Ein Rüpel, ein rücksichtsloser Rassist, wie auch immer. Also in diesen vier Jahren seit Trump gewählt ist, habe ich eigentlich nie irgendetwas Positives gelesen und mein Trump-Bild ist davon auch geprägt.

FK: Ok, ich spreche jetzt am 18.11. um 17:00 Uhr aus einer Welt, in der Trump abgewählt ist und Bidens Präsidentschaft vorbereitet wird. Aus welcher Welt sprichst du?

HD: Also ich spreche aus einer Welt, in der Trump immer noch gute Chancen hat, Präsident zu bleiben. Sein Anwalt Rudy Giuliani kämpft hart für ihn. Ich lese immer wieder, Trump habe noch Chancen. Und, zumindest unterschwellig: Er ist der gewählte Präsident. Das Stichwort vom Wahlbetrug bleibt.

FK: In meiner Welt wird berichtet, dass Trump tatsächlich Stimmenzuwächse erzielt hat. Zumal bei Wählerschichten, die ihm hier nicht zugerechnet werden. Hispanos, Latinos, Schwarze – das Wahlverhalten habe nicht dem entsprochen, was man erwartet hatte.

HD: Hier hat er erstens viel mehr Stimmen erreicht als bei der vorigen Wahl. Und er ist der mit den zweitmeisten Stimmen jemals. Wer die meisten hat, das erfahre ich dann wiederum nicht. Dass er Stimmen von Hispanos und Schwarzen erhalten hat, war auch in meiner Anderswelt zu lesen. Meist in dem Zusammenhang, dass Trump die wichtigen Probleme des Landes angeht, Jobs schafft und sich eben nicht um »nachrangige linke« Themen wie Rassismus oder Genderfragen kümmert.

FK: Also es wird nicht gesagt, dass Biden die meisten Stimmen jemals bekommen hat?

HD: Korrekt. Das wird – wenn überhaupt – zwischen den Zeilen erkennbar. Irgendwie könnte man das sich auch denken oder nachrechnen. Hier wird aber, wie oben schon gesagt, darauf hingewiesen, dass Trump in eigentlich demokratischen Wählerschichten, bei Schwarzen, bei Latinos, auch bei Männern aus diesen Communitys massiv gewonnen hat. Und ich lese auch, dass »Black lives matter« und die Antifa einen Bürgerkrieg anzetteln wollen.

FK: Ok, davon hört man hier gar nichts.

HD: Doch, es gibt gewalttätige Demonstrationen in Washington und anderen Städten. Teils erscheint mir das in sich lächerlich: In der Wahlnacht beispielsweise wurde »live berichtet«, in Washington D.C. liefen Antifa-Leute mit Baseballschlägern rum. Und dazu geraunt: »Wozu werden die um zwei Uhr früh wohl mit Baseballschlägern rumlaufen?« Die Quelle von vielem ist »Breitbart«, User schreiben von Usern ab; Ergebnis ist die Stimmung: Trump ist der berechtigte oder richtige Präsident, man glaubt an Wahlfälschung, und man baut ein Bürgerkriegsszenario auf. Diese Gefahr wird seit dem Wahltag immer wieder heraufbeschworen.

FK: Die Parlamentsdebatten um das »Bevölkerungsschutzgesetz« hier in Deutschland waren ein zweites großes Thema diesseits. Mit großer Resonanz aus der Anderswelt?

HD: Du meinst das Ermächtigungsgesetz?

FK: Heißt das bei euch so?

HD: Ja, eindeutig. Manche mogeln sich ein bisschen um den Begriff herum, sprechen von »einem Gesetz, das ermächtigt«. Etwa »neverforgetniki«. Der etwa zwanzigjährige YouTuber, der aktive Politik sehr, sehr, sehr böse aufs Korn nimmt. Schaut immer aus wie ein Schulbub, aber hat eine extrem spitze, aggressive Zunge. Er verwendet sehr häufig den Begriff »Ermächtigung«. Während die Hardcore-Fraktion, wie Compact, gnadenlos direkt schreibt: »Ermächtigungsgesetz«. Da gibt es einerseits ganz massive Vergleiche zu 1933. Zugleich werden Vergleiche mit eben diesem ´33 lächerlich gemacht – wenn es um die Überfälle von Aktivisten auf Abgeordnete im Reichstag geht.

FK: Was heißt »lächerlich gemacht«? Wer wird da lächerlich gemacht? Die AfD, die Aktivisten oder ...?

HD: Nein, nein, lächerlich gemacht wird der Bundestag, nicht die AfD, sondern unter anderem die zarte Petra Altmaier. Petra. Petra Altmaier.

Im Kern wird argumentiert und auch so geschnitten im Video: Diese Frau, die da Altmaier vor dem Aufzug auflauert, der werde vorgeworfen, die Demokratie zu gefährden. Doch, Umschnitt – die wahre Gefährdung findet vor der Tür statt, und du siehst die Wasserwerfer, die auf die Masse der Demonstranten zielen.

FK: Der Fraktionschef der AfD, Alexander Gauland, hat dann ja am Abend eine Erklärung abgegeben. Er bedaure die Vorgänge, halte es für unzumutbar und für unvereinbar mit dem parlamentarischen Verständnis auch der AfD. Wird das wahrgenommen?

HD: Nicht hier, nicht von mir. Es ist aber auch gut möglich, mal was zu übersehen. Wenn man anfängt, diese Ewigkeits-Videos zu verfolgen, die dauern ja zum Teil Stunden. Also »neverforgetniki« ist fast jedes Mal zwanzig Minuten lang. Tichy/Winter kommt schnell mal auf fünfzig. Bei KenFM, dauert es gern mal eine Stunde und länger. Doch die Aufrufzahlen sind häufig innerhalb von zwei, drei Tagen sechsstellig.

FK: Kreiert die Themenlage eine Konjunktur?

HD: Das ja. Das Thema Corona, die Einschränkung der Bürgerrechte, überstrahlt im Moment alles. Bei Tichy spielt noch der Druck von Flüchtlingen auf die Kanaren eine größere Rolle.

FK: Zwischenbilanz: Wer oder was an deinem Beobachtungsobjekt ist dir sympathischer geworden in den letzten Wochen?

HD: Niemand.

FK: Nichts und niemand?

HD: Ganz im Gegenteil: Mein Entsetzen wächst. Vor allem über die Vielzahl und die Vernetzung der Akteure. Jürgen Elsässer hat ein Buch geschrieben oder schreiben lassen zu »10 Jahre Compact«. Er feiert sich und lässt sich feiern. Bei Compact erscheint eine Buchbesprechung dieses Compact-Buches. Als Autor zeichnet Martin Sellner, Chef der identitären Bewegung Österreich und einer der gefährlichsten Rechtsradikalen Europas. Ich lese und notiere, und plötzlich fällt mir auf, dass ich aufstehe und mir grundlos die Hände wasche. Das ist einfach so ein Reflex. Oft rufe ich in einem Artikel fünf Mal nach »Faktencheck«. Es hat System, in der Nähe der Wahrheit entlangzuschrammen und dann Dinge zu behaupten, gegen deren Komplexität ein normales Gedächtnis, eine durchschnittliche Bildung, selbst ein professionelles Journalistengedächtnis einfach nicht ausreicht. Wenn du dann aus einer anderen Sichtweise kommst und dies glauben willst, dann fällst du rein.

FK: Dann funktioniert das. Zum Schluss: Du hast gesagt, da sei eine Abstumpfung im Gange. Warum geht dir das so? Die Aktivisten regen sich eher immer mehr auf.

HD: Die stärksten Gefühle bei mir sind Angst, Abscheu und Müdigkeit. Angst davor, welche Reichweite, welchen Einfluss diese selbstgefälligen, selbstgerechten, besserwisserischen Menschen haben. Bei YouTube extrem schnell sechsstellig. Über Tichy hab ich gerade gelesen, er habe 27 Prozent mehr Reichweite online und eine deutliche Auflagensteigerung beim Heft innerhalb eines Jahres. Oder Oliver Janich, von dem hatte ich nie etwas gehört. Der verbreitet die wildesten Thesen und hat dann Hunderttausende Abrufe. Mit der Zeit staunst du hier über nichts mehr.

FK: Bist du jetzt schon so amalgamisiert oder aufgesogen von all dem, dass du sagen würdest: Als erfahrener Journalist kann ich vorhersagen, was der nächste große Aufreger sein wird?

HD: Der nächste große Aufreger wird Corona vor Weihnachten sein. Weil es ein Erfolgsmuster ist, und weil es taugt, die Brücke zu schlagen zu breiteren Bevölkerungsschichten. Das Thema Migration und das Thema Islam mag hochkommen, beide Klassiker.

FK: Hans, dann sprechen wir uns ja bei einem dieser Themen wieder. Sei tapfer.

JANA AUS KASSEL

Das ein oder andere Thema wird in diesen Wochen auch, wie sich aus der Berichterstattung der Anderswelt herauslesen lässt, den Weg in die beschimpften Systemmedien schaffen. Relative Berühmtheit erlangt dabei Ende November eine blonde junge Frau. Sie ist zweiundzwanzig und angehende Psychologiestudentin. So zumindest hat sie sich schon am 12. September bei einer Querdenker-Demonstration in Fulda vorgestellt. Sie steht im hellen Tageslicht auf einer Rednerbühne und lacht ein ansteckendes Lachen. Eine Woche vorher, so erzählt sie, habe sie in Kassel ihre erste Rede gehalten. Ihre Rede heute widme sie allen Polizisten. Und dazu hat sie ein Gedicht geschrieben: »Ihr lieben Mitbürger in Uniform, ist es für euch noch konform, dass ihr die Handlanger eines totalitären Systems seid? Es geht gegen euren Eid!« Pathetisch, mit der rechten Hand auf der Brust, rezitiert sie weiter: »... doch gibt es seit Corona keinerlei Klarheit, auf welcher Seite ihr nun steht, auf der der Liebe oder der des Angstgebets. Seid ihr für Liebe und Menschlichkeit oder für Krieg und Gewalt?«

Jana aus Kassel
wird in netztypischem Tempo zu einer irrlichternden Berühmtheit. Jan Böhmermanns »ZDF Magazin Royale« präsentiert »Jana aus Kassel – das Musical« [130]. ZDF-»heute Show«-Moderator Oliver Welke scherzt über »die inzwischen fast schon prominente Jana aus Kassel«. Die Paro-

dien und Sketche erreichen je an eine Million Aufrufe bei YouTube. Ursprünglich erschienen ihre Rede-Mitschnitte in einschlägigen »Querdenker«-YouTube-Kanälen.

Gut zwei Wochen später wird sie, wieder in Fulda, ein bisschen vernuschelt, mit einem kleinen Stottern in ihr Mikrofon sprechen: »Mir kommt es so vor, als wenn wir langsam chinesische Verhältnisse haben hier in Deutschland: Ich fühle mich wie in einer Diktatur, total unterdrückt und so weiter.« Ihr nächster schiefer Vergleich, dann in Hannover, wird sie für ein paar Tage Ende November bundesweit bekannt machen.

21. November, die Sonne ist gerade untergegangen. Jana, deren Nachname auch in den nächsten Tagen nirgends auftauchen wird, steht wieder auf einer Bühne: diesmal in Hannover. Eingekesselt zwischen zwei übermannshohen Lautsprechern vor einem weiß leuchtenden Hintergrundplakat der Hannoveraner Querdenker. Sie sieht noch einmal kurz auf den Zettel, den sie in der Hand hält, und dann sagt sie die temporär berühmt werdenden Sätze: »Hallo, ich bin Jana aus Kassel, und ich fühle mich wie Sophie Scholl, da ich seit Monaten hier aktiv im Widerstand bin, Reden halte, auf Demos gehe, Flyer verteile und auch seit gestern Versammlungen anmelde.« Die Szene auf dem YouTube-Video dauert noch exakt 51 Sekunden. Ein Ordner wirft mit den Worten: »So einen Schwachsinn mache ich nicht mit« seine Jacke auf die Bühne, die Polizei begleitet ihn aus dem Zuschauerraum, Jana dreht sich weinend ab, wirft Manuskript und Mikro auf den Boden und flieht von der Bühne. [131]

Reaktionen

Die Gleichsetzung mit der hingerichteten Widerstandskämpferin bringt ihr Hohn und Spott ein, aber auch sachliche Kritik. Außenminister Maas twittert am Folgetag: »Das verharmlost den Holocaust ... Nichts verbindet Coronaproteste mit Widerstandskämpfer*innen«[132] und holt sich umgehend eine Replik von »Paprika Lady«: »Und wenn Politiker und Medien mutige Bürger, die für die Grundrechte und die Demokratie auf die Straße gehen, als ›Nazis‹ diffamieren, ist das nicht eine Verharmlosung der NSDAP-Verbrecher?«

Jana ohne Nachnamen ist nicht die Einzige, die in diesen Wochen verquerdenkende Vergleiche zieht. Gut eine Woche vorher schon hat ein elfjähriges Mädchen auf einer Bühne geklagt, sie fühle sich wie Anne Frank, die wie sie Geburtstag ohne Freundinnen feiern musste. Und der für die neurechten Medien anscheinend zum allgemeinen Sprachgebrauch gehörende Begriff »Ermächtigungsgesetz« gehört auch in diese Reihe, genauso wie weiße Rosen, die Demonstrantinnen mit sich herumtragen.

In der Anderswelt werden nicht diese Zitate wahrgenommen, sondern erst die Reaktion des »Mainstreams« auf sie. Doch zu Jana und erst recht zu dem nicht weniger bitteren Vergleich mit Anne Frank sind die alternativen Medien eher kleinlaut. Tichys Einblick geht darauf ein und analysiert eher Fragen der Deutungshoheit als das Zitat selbst. Am Montag schon schreibt dort der Stammautor Alexander Wendt:[133] »Jana aus Kassel, die sich öffentlich in eine Widerstandskämpferin einfühlte, dient vielen Medien als idealtypisch durchgeknallte Corona-Demonstrantin. Dabei ist sie so viel mehr: ein soziales Leitbild.« Und weiter: »Wenn sich nach 1945 je so etwas wie eine deutsche Lockerheit durchgesetzt hat, dann beim Verwenden von Nazi-Vergleichen, was zwangsläufig den Selbstvergleich mit Widerstandskämpfern nach sich zieht.« Wendt beansprucht »neue deutsche Lockerheit« und führt dafür ein Zitat des verstorbenen Kabarettisten

Dieter Hildebrandt an, der in seiner Bühnenrolle über den früheren CDU-Generalsekretär Heiner Geißler gesagt haben soll: »Frisch gegeißlert ist halb gefreislert.«

> Für dieses vorgebliche **Hildebrandt-Zitat** findet sich nur eine Quelle: ein Artikel des Focus von 2010. Autor: der damals noch Focus-Redakteur Alexander Wendt. [134] Das Zitat lässt sich also nicht weiter veri- oder falsifizieren. Anscheinend schreibt Wendt hier von Wendt ab.

Roland Freisler hat 2.600 Todesurteile ausgesprochen. Unter seinen Opfern: Sophie Scholl, Hans Scholl und Christoph Probst.

HÖCKE LIVE

Es fällt auf, dass der Parteitag der AfD Ende November bei allen, von Tichy bis Compact, kaum eine Rolle spielt. Jetzt erst wird mir bewusst, dass in den sich selbst alternativ nennenden Medien bisher die »Alternative für Deutschland« nahezu nicht zu finden war und ist. Doch die Reaktion des führenden Rechtsaußen der Partei auf den Parteitag wird wahrgenommen.

Im westfälischen Höxter tritt Björn Höcke exakt eine Woche nach dem Parteitag ans Mikrofon. Erwartet wird eine Kriegserklärung an den Parteivorsitzenden Jörg Meuthen. Und Compact TV überträgt live. [135]

Fast bin ich dankbar für die Chance, einmal Höcke, zumindest im Video-Stream, ungefiltert zu erleben. Den ersten donnernden Applaus bekommt der Thüringer Landesvorsitzende, als ihn einer der Vorredner ankündigt. Da ist er noch nicht einmal im Saal. Um 16:40 Uhr ist es dann so weit. Der Flügelmann der AfD betritt die

Bühne im Outfit jüngerer Manager aus den Nullerjahren. Jeans, weißes Hemd, Kragen offen, dunkelblaues Sakko. Er zieht kurz noch einmal die Hose hoch und spricht sein Publikum an: »Liebe Landsleute, liebe Patrioten.« Etwa 3.500 Zuschauer sind jetzt bei Compact TV live dabei. Eine Stunde später werden es deutlich mehr als 5.000 sein. Vier Wochen später zählt YouTube fast 40.000 Abrufe.

Höcke mahnt »Maß und Menschenverstand in der Politik« an, keilt gegen das »Establishment« der eigenen Partei, den Verfassungsschutz und die »Deutschland-Abschaffer« Merkel, Spahn, Söder und Co. Ist das nun billige Wahlkampf-Rhetorik oder meinen er und auch alle, die heftig klatschen, den Begriff »Deutschland-Abschaffer« wirklich ernst?

In der Schlusspassage macht Höcke dann der Querdenkerbewegung ein offenes Angebot: »Stil- und Tonfragen sind in der prekären politischen Gesamtlage völlig sekundär. Die neuen Bürgerbewegungen suchen nach einer parlamentarischen Vertretung ... und orientieren sich immer mehr in Richtung AfD.« So sieht er dann auch ein »großes neues Wählerpotenzial«. Donnernder Applaus, diesen Saal hat Höcke hinter sich versammelt.

Wie nah sich AfD und Querdenker sind, zeigt sich symbolhaft wenige Minuten später. Es gibt zu dieser Zeit eine Empfehlung der Bundesregierung, nicht gemeinsam zu singen, sondern bestenfalls zu summen, wie der Versammlungsleiter anmahnt. Dann nehmen alle auf der Bühne demonstrativ die Masken ab. Und singen laut und voller Inbrunst, wenn auch ein bisschen schief die Nationalhymne.

WENIG FAKTEN, WILDE STORYS

In der zweiten Dezemberwoche kocht das Thema US-Wahl kurzfristig wieder hoch. Und die Gerüchte überschlagen sich. Je nach Absender werden sie als solche deutlich gemacht oder einfach mal als Behauptung stehen gelassen. Das Electoral College vom 14. Dezember, das den Wahlausgang final bestätigt, wird bei fast allen links liegen gelassen, nur MMnews wittert mal wieder den drohenden Bürgerkieg: »Es kann gut sein, dass es am 14. Dezember und danach zu Massendemonstrationen und gewaltsamen Auseinandersetzungen kommen wird, falls Biden von den Wahlmännern dann offiziell gewählt wird. Noch aber ist Trump der amtierende US-Präsident und er wird alles dafür tun, das auch zu bleiben ... Es kann also noch sehr ungemütlich werden. Im worst case droht sogar noch ein Bürgerkrieg in den USA, denn die schwer bewaffneten Trump-Truppen werden so schnell nicht aufgeben. Sie glauben Trumps Worten vom Wahlbetrug immer noch.« Was genau die erwähnten »Trump-Truppen« denn sind, verschweigt der Autor. [136]

Schon in den vergangenen Tagen war bei MMnews Alarm – und Untergangsstimmung: »Der Staatsbankrott rückt näher« [137] und »Lockdown für immer?« [138] und zur US-Wahl: »Wahlbetrug und Manipulation in den USA?«

Zumindest in den ersten Absätzen wird erwähnt, »34 Klagen wurden bisher abgeschmettert, nur bei zwei Klagen wird weiter ermittelt«. Und dann wird einfach mal behauptet: »Es gibt eine Reihe von Beweisen für Wahlbetrug, nur reicht das aus?« Und dann wird die Beweisführung von MMnews schon auch dürftig: »So soll ein Lkw-Fahrer gesagt haben, dass er Hunderttausende von Wahlzettel schon vor der Wahl von New York nach Pennsylvania angeliefert hat.« [139] Belege für diesen abenteuerlichen Vorwurf gibt es im Artikel nicht. Wer im Internet nach Belegen sucht, kommt bei YouTube immer tiefer in die Anderswelt. Der Mann, der vor tiefblauem Hintergrund, flankiert von zwei US-Flaggen, mit belegter Stimme in das Mikro spricht, ist offensichtlich übergewichtig, kurz geschnittene Haare, üppiger Bart, das Doppelkinn verdeckend. Er erzählt zehn Minuten lang, dass ein Anhänger mit 288.000 Wahlstimmen verschwunden sei. Titel des Videos: »Whistleblower truck driver reveals trailer filled with up to 288k ballots disappeared.« Absender OAN-Network. Stramm rechts und neuerdings Trumps Lieblingssender.

One America News Network
erreicht 35 Millionen US-Haushalte, liegt damit deutlich hinter den größeren Nachrichtensendern CNN, FOX News und MSNBC. Konkurrent CNN ätzt auf seiner Website: »OAN ähnelt dem offenen Kanal einer Universität, produziert von einer Gruppe freiwilliger Studierenden.« [140] Gegründet 2013 vom kalifornischen Technologie-Kaufmann Robert Herring, sein Sohn Charles ist Präsident der Dachfirma »Herring Networks Inc.« und definiert OAN als Wettbewerber von Fox News um konservative Zuschauer. Die White-House-Korrespondentin von OAN verlor ihren Sitz in Pressekonferenzen, weil sie wiederholt Corona-Auflagen missachtete. Nach seinem öffentlichen Zerwürfnis mit Fox News empfahl und bevorzugte Präsident Trump OAN. Das Wall Street Journal berichtete im Januar 2020, ein Fonds der Republikanischen Partei versuche, OAN aufzukaufen.

Bei einer Veranstaltung von Trump-Sympathisanten trat der Lkw-Fahrer Jesse Morgan auf. Er gab an, im Auftrag der US-Post 288.000 ausgefüllte Wahlscheine von New York nach Lancaster, Pennsylvania, expediert zu haben. OAN übertrug live, im Crawl der Text »Wahl-Whistleblower packt aus«. Präsident Trump twitterte den Mitschnitt. [141] Kurz darauf enthüllte die auf Mode und Lebensstil ausgerichtete Website »refinery29«, der Kronzeuge sei bisher als »Geisterjäger« auffällig geworden. [142] Private Videos von vermeintlichen »Geisterscheinungen« sind unter dem Titel »The Shadows amongst us« als »Doku« bei »amazon prime« abrufbar. [143]

Das wäre schon abenteuerlich genug, doch im Verlauf des Artikels geht es erst richtig los: Es gab laut MMnews angeblich einen bewaffneten Kampf um einen Server in Frankfurt, der von der CIA in Frankfurt/Main bewacht wurde. (Ein Server auf deutschem Boden also, den der US-Geheimdienst bewacht.)

Trump setzte angeblich einen militärischen Spezialtrupp ein, um »in den Besitz des Servers zu gelangen«, der von CIA-Agenten bewacht wurde. Nach einem Schusswechsel starben angeblich vier US-Soldaten und ein CIA-Agent. Der Server soll jetzt von Spezialeinheiten des Militärs beschlagnahmt worden sein. Dies wurde in einer Anhörung in Pennsylvania von einem nicht näher benannten US-General behauptet. MMnews verweist zumindest auf den Faktencheck von Mimikama, eines seriösen österreichischen »Vereins zur Aufklärung über Internetmissbrauchs«. Die österreichischen Faktenchecker stellen eindeutig klar, dass das Feuergefecht eine pure Erfindung ist, vom wem auch immer. [144] Das unsinnige Gerücht aber bleibt erst einmal in der Welt.

Wo aber kommt es her? Auf einer Site namens Bitchute.com [145] findet sich die fette Überschrift: »Feuergefecht in Frankfurt um Dominion-Server. Der Plan läuft, deep state in die Enge getrieben.« Im Video erklärt mir ein circa fünfzigjähriger Mann, schwarzes T-Shirt, rote Trump-Kappe, weiche, ruhige getragene Stimme, leicht hessischer Einschlag: »Derzeit tobt ein massiver Untergrundkrieg des deep state gegen die Soldaten von Trump. Das Gute ist, dass die Soldaten von Trump auf dem Vormarsch sind ...« Ihm zufolge kam nur ein Soldat in Frankfurt ums Leben. Es geht wieder um einen Server der kanadischen Firma Dominion, die spezialisiert ist auf Auszählungssoftware, von vielen Trump-Anhängern aber der Wahlfälschung bezichtigt wird.

Und weiter: »Im Pentagon hat Präsident Trump elf Mitarbeiter entlassen, unter anderem Henry Kissinger, Madeleine Albright, also alles beinharte Deep-Staatler, die bisher dort als Berater tätig waren und bisher großen Einfluss hatten auf das ganze Kriegsgeschehen, das weltweit angeordnet wurde.« Das kommt mir reichlich absurd vor, aber dann wird's vogelwild: »Aus dem esoterischen Bereich wissen wir, dass jetzt in diesen Wochen, speziell bis zum 21. Dezember, eine große Welle aus dem Kosmos auf uns zukommt, das ist auch schon wissenschaftlich belegt. Und dann kann man davon ausgehen, dass Präsident Trump das weiß, weil er instruiert ist aus erster Hand über Q, diese Dinge laufen zu lassen, und dass er in ein höheres Energiefeld kommt.« Zwischendurch schlägt dann eine Standuhr, zu Hause bei dem Hessen mit der Trump-Kappe.

»Trump wird auf jeden Fall bestätigt ... Dann wird es auf jeden Fall richtig zur Sache gehen. Da ist schon einiges vorbereitet, dass da Militär schon weltweit verteilt ist vom Trump, und ich denke, in Deutschland wird es auch zur Sache gehen ... und die Sache in Frankfurt ist ein richtig großes Ding. Auch in Toronto ist so etwas passiert. Dort in einem Gebäude, wo Soros mit drin ist. Die Dominion-Leute sind abgehauen.«

Das ist kaum zu ertragen. Es übertrifft sogar Oliver Janichs Theorie, »der Geheimdienst« habe die Herren Oppermann und Ohoven ermordet. Das einzig Tröstliche ist die lächerliche Zahl von 655 Abrufen. Plus, nun, meiner.

Die anscheinend erste deutsche Quelle für die angebliche Frankfurter Schießerei findet sich dann doch noch. Die dazugehörige Domain: Pravda-tv.com. [146] Dahinter verbirgt sich eine Website, die von einem gewissen Nikolas Pravda verantwortet wird. Ihr Sitz laut Impressum: Mauritius. [147]

Doch die Geschichte des Feuergefechts ist im Netz und wird bleiben, unter anderem findet sie sich Mitte Dezember noch bei Compact (hier angeblich bestätigt von »General Flynn«) und bei vielen rechten Blogs.

> FK: Überrascht es dich denn noch, wenn du so etwas liest?
> HD: Zu all diesen Gerüchten: Vor wenigen Wochen hätte ich noch schallend gelacht, mittlerweile macht es mir Angst und bringt mich wirklich an die Grenze meiner psychischen Belastbarkeit. Ich frage mich schon immer häufiger, was ich hier überhaupt mache und ob ich es nicht besser bleiben lasse. In den ersten Tagen dieses Selbstversuchs habe ich schon auch mit meiner Angst und der Erwartung kokettiert, jetzt ist sie da. Mit massiver Wucht. So ganz präzise lässt sich gar nicht sagen, wovor. Schon davor, dass der politische Einfluss dieser Menschen wächst. Vielleicht nicht gerade der von dem verschrobenen Kai Mediator, aber all die anderen können über die AfD politischen Einfluss bekommen. Ich habe Angst etwa auch vor der aggressiven Grundstimmung gegen Andersdenkende. Angst um den Zusammenhalt der Gesellschaft. Vor allem dann, wenn man die oft hasserfüllten Kommen-

tare von Usern liest. Und es gibt ja auch genügend Beispiele, wo Täter, die sich in solchen Umfeldern informiert haben, radikalisiert wurden. Die Stichworte sind Breivik, Christchurch, Hanau, Halle und zu viele andere.

FK: Hans, du schreibst jetzt hin- und hergerissen zwischen 40 Jahren sachlichem Nachrichten-Ton und jäh aufsteigender Notwehr. Hat dein Selbstversuch Einfluss auf deinen Stil?

HD: Ich bekomme von Tag zu Tag mehr den Eindruck, dass ich sehr vorsichtig schreiben muss. Ich stelle ganz deutlich fest, dass sich bei mir der arrogant-rotzige Ton der Medien, die ich gerade verfolge, einschleicht. Um es ein bisschen deutlicher zu machen: Wer monatelang ausschließlich Hemingway liest, wird vermutlich im Anschluss nur noch kurze Sätze mit klarer Wortwahl schreiben. Ab und an habe ich wirklich das tiefe Bedürfnis, jemand vors Schienbein zu treten.

LOCKDOWN VERSCHÄRFT, DER TON WIRD RAUER

Es ist jetzt Donnerstag, der 10. Dezember. Es zeichnet sich deutlich ab, dass die bisherigen Maßnahmen zur Eindämmung des Virus nicht genügend greifen.

Der Lockdown light hat bisher nicht ausreichend funktioniert. Mein Abschotten von Mainstream-Medieninformationen funktioniert beim Thema Corona nur noch begrenzt. Von meinem persönlichen Umfeld erfahre ich, dass die Zahl der Corona-Infizierten und der Toten steigt. Eine drastische Verschärfung der Anti-Corona-Maßnahmen ist wahrscheinlich.

Rede Merkels

Angela Merkel hält am 9. Dezember vor dem Bundestag die wohl emotionalste Rede ihrer bisher 15-jährigen Amtszeit. [148] »Merkels großes Flehen«, fasst der Spiegel zusammen.

Angela Merkel ist sichtlich überarbeitet, sie hat dunkle Ringe unter den Augen und ist, wenig typisch für sie, ununterbrochen in Bewegung. Immer wieder ballt sie die rechte Faust, der linke Arm bewegt sich auf und ab, als würde sie auf einen imaginären Tisch hauen. »Und wenn die Wissenschaft uns geradezu anfleht, vor Weihnachten, bevor man Oma und Opa und Großeltern und ältere Menschen sieht, eine Woche der Kontaktreduzierung zu ermöglichen, dann sollten wir vielleicht doch noch mal nachdenken, ob wir nicht irgendeinen Weg finden, die Ferien nicht erst am 19. beginnen zu lassen, sondern vielleicht schon am 16. Was wird man denn im Rückblick auf ein Jahrhundertereignis mal sagen, wenn wir nicht in der Lage waren, irgendeine Lösung zu finden?«

Es ist nicht so sehr der Inhalt, es ist eine aggressive Emotionalität, die man von ihr nicht kennt. Von der Physikerin, die Politik so oft als Folge von Versuchsanordnungen betrachtet hat.

In Bild adressiert Kolumnist Franz Josef Wagner die »Liebe emotionale Kanzlerin«. Weiter: »Was wir nicht brauchen, ist eine Kanzlerin, die fleht, die bettelt … Ich hätte mir gewünscht, dass Sie in schärfster Befehlsform im Bundestag auftreten … Wir brauchen zurzeit nicht das Herz von Angela Merkel, sondern ihren Verstand.« [149] Ein halbes Jahr zuvor wandte Wagner sich an die »Liebe Kanzlerin« und dekretierte aus Anlass ihrer EU-Ratspräsidentschaft: »Ihre Sprache ist nüchtern, sachlich … Was ich mir von ihr wünsche, ist die Sprache des Herzens.« [150]

Nicht nur die Kanzlerin, so erfahre ich, ist deutlich, auch die Stimmen vieler Ministerpräsidenten und Ministerpräsidentinnen, die für eine spürbare Verschärfung des Lockdowns plädieren, werden lauter.

Spannend ist die Frage: Gibt es angesichts der veränderten Lage ein Einlenken in den alternativen Medien oder wird der Ton noch rauer, werden die Vorwürfe noch härter?

Compact legt heute am 10. Dezember im Newsletter schon mal los: »Liebe Leser, fast flehend legt sie die Hände zusammen ... Die Rede ist von Angela Merkel in ihrer Rede zur Generaldebatte am Mittwoch im Bundestag. Es sah so aus wie der letzte verzweifelte Versuch, das Ungeheuerliche möglichst lange aufrechtzuerhalten: Angst und Panik zu schüren in der Bevölkerung!« [151]

Keine Informationen über die Beschlüsse zur Pandemie-Bekämpfung, keine Zahlen über Inzidenzen oder Todesfälle. Dafür wüste Beschimpfungen und Verharmlosungen.

»Willkommen in der Corona-Diktatur«, »Deutschland wird jetzt reifgeschossen.« [152] »Corona-Politik immer härter und hilfloser.« [153] Diese Tonlage wird bleiben. Klare Fakten werde ich Tag für Tag suchen, aber es wird dauern, bis ich sie finde.

An diesem Tag geht es gegen den angesehenen Wirtschaftswissenschaftler Michael Hüther. Der Chef des Instituts der deutschen Wirtschaft hat einem Compact-Artikel zufolge im Handelsblatt folgenden Gedanken geäußert: »Zu prüfen wäre, ob Impfverweigerer wegen der aus ihrem Verhalten resultierenden externen Effekte dadurch sanktioniert werden können, dass bei ihnen kein Versicherungsschutz im Falle einer Covid-19 Erkrankung besteht.« [154]

Etwas einfacher formuliert bedeutet dieser Gedanke, dass jeder, der sich nicht impfen lassen will, andere anstecken kann und damit seinen Versicherungsschutz verliert, falls er an Covid-19 erkrankt.

Kommentiert wird das bei Compact dann folgendermaßen: »Es gibt Menschen«, gemeint ist Hüther, »die einen rasch an die Ekelschwelle treiben.« »Ohne derartige Kreativität«, so Compact weiter, »könne keine Diktatur bestehen, ob Nationalsozialismus, Stalinismus, Inquisition – nichts funktionierte ohne solche ›Eigeninitiative‹.«

Zum Beweis der Unsinnigkeit des staatlichen Handelns zitieren die Macher von Tichys Einblick das »statistische Beratungslabor am Lehrstuhl für Statistik und ihre Anwendung in Wirtschaft und Sozialwissenschaften«: »Insgesamt ist in der zweiten Welle der Pandemie bisher keine herausstechende Übersterblichkeit zu beobachten, bei der jungen Bevölkerung zeigt sich sogar eher eine Untersterblichkeit.« Das führt zu der Schlagzeile: »Münchner Universität: Sterblichkeit trotz Covid-19 nicht gestiegen.«

RKI-Zahlen
Am 14. Dezember, dem Tag der Veröffentlichung bei TE, verzeichnet das Robert-Koch-Institut fast 23.000 Todesfälle, und es werden jeden Tag deutlich mehr als 500 dazukommen. [155]

Das Hervorheben einzelner Meldungen, die die Bekämpfung der Corona-Krise oder die Fall- und Todeszahlen infrage stellen, gehört bei all diesen Kritikern der Corona-Politik zum Prinzip. In dieses Umfeld passt auch eine Meldung bei MMnews vom 20. Dezember. [156] Dort wird eine »Klinik-Vergleichs-Studie« der »Initiative Qualitätsmedizin« vorgestellt, die »zeigt: In 2020 bisher weniger Beatmungsfälle als in 2019.« Detailliert führt MMnews auf, dass in den Monaten Januar bis Oktober weniger Menschen in Deutschland beatmet wurden.

Die Initiative Qualitätsmedizin
erhebt ihre Daten von etwa 400 Mitgliedskrankenhäusern, also in etwa von einem Fünftel aller 2.000 deutschen Kliniken. Diese Information fehlt bei MMnews genauso wie diese Stellungnahme des Präsidenten des Vorstandes Dr. Francesco De Meo vom 25. November: »IQM distanziert sich ausdrücklich davon, dass die Analyse genutzt wird, falsche Behauptungen zur Covid-19-Pandemie zu untermauern und die Relevanz sowie die Auswirkungen von Covid-19 zu verharmlosen.« [157]

Am 23. Dezember schließlich finde ich bei MMnews erstmals Zahlen des Robert Koch-Instituts und sie sprechen eine andere Sprache als alles, was ich hier bisher dazu gelesen habe. [158] 24.740 Neuinfektionen, 962 Tote an einem Tag, den MMnews zufolge ein neuer Rekordwert.

Am Abend des 22. Dezember gibt die Stadt Zittau bekannt, Leichen außerhalb des Krematoriums lagern zu müssen, weil die Kapazitätsgrenzen nicht mehr ausreichen. [159]

Doch klare Informationen, Zahlen werden auch weiterhin die Ausnahme bleiben. Jetzt schießen sich alle diese Medien auf das Thema »Impfung« oder meist in deren Duktus »Zwangsimpfung« ein. Aus einem Hotelzimmer in Dubai, wo er seinen Weihnachtsurlaub verbringt, kommentiert am 27. Dezember Michael Mross: »Die Frage ist natürlich auch, ob bei der Letalität, die wir in Bezug auf die Krise zu verzeichnen haben, es überhaupt angesagt ist, dass sich kerngesunde Menschen beispielsweise impfen lassen.« Mit Letalität meint Mross geringe Letalität, wie die nächsten beiden Sätze zeigen werden. »Die Frage ist, welchen

Nutzen sowas hat, wenn die meisten Leute das sowieso a: überstehen und das überhaupt nicht merken, b: leichtere Verläufe haben und die meisten das sowieso überleben.«

> Das **Robert Koch-Institut** meldet am 28. Dezember 30.126 Corona-Tote. [160]

Das nennt man in der Tat wohl zurecht Alternativ-Medien. Was Mross da mit leicht belegter Stimme und etwas umständlich formuliert bei PI-News in die Kamera spricht, bedeutet nichts anderes, als Corona sei harmlos. [161]

GRENZEN VERSCHWIMMEN

Es ist jetzt Montag, der 28. Dezember, kurz vor zehn Uhr vormittags. Über die Feiertage habe ich mir ein paar Tage Abstand von Elsässer, Mross und Co. gegönnt. Jetzt trifft mich, was ich lese und sehe, mit voller Wucht. Und offen gestanden graut mir vor den nächsten vier Wochen, bis zum Stichtag, den ich mir selbst gesetzt habe, dem Tag der Amtseinführung des neuen US-Präsidenten.

> FK: Hans, hast du mal überlegt, aufzugeben?
> HD: Am Anfang, also die ersten zwei, drei Wochen überhaupt nicht. Da war ich offen gestanden auf eine dunkle Weise fasziniert von dieser Welt. Das war alles Neuland für mich. Natürlich weiß ich, dass es diese Art von Medien gibt. Ein bisschen kam ich mir, und ich will ganz bewusst nicht despektierlich sein, vor wie im Zoo. Das hatte alles etwas Exotisches, noch nie Erlebtes für mich. Die Anderswelt einfach als neue Erfahrung.

FK: Die Frage war eine andere.
HD: Ob ich aufgeben will. Ja, immer und immer wieder. Und es ist gar nicht so sehr die Menge an offensichtlichen Halb- und Unwahrheiten, es ist der besserwisserische, böse und arrogante Ton, der mir Angst macht. Angst und depressive Verstimmungen. Aber was, wenn ich jetzt aufgebe? Mir ist nach der eher spielerischen, ersten Idee klar geworden, dass einer genau hinschauen muss. Corona hat die Tonlage, vor allem aber den Einfluss dieser Medien noch einmal verstärkt, und gerade wenn ich mir die stundenlangen Liveübertragungen von Corona-Demonstrationen ansehe, wird mir angst und bang, wie viele Menschen da hinterherlaufen.

In den letzten fast vier Monaten bin ich durch Querverweise immer wieder auf andere als die fünf ursprünglich angegangenen Seiten gelangt. Eigenartigerweise bin ich mit der Zeitschrift der neurechten Intellektuellen, Götz Kubitscheks »Sezession«, bisher so nicht in Kontakt gekommen, dagegen aber mit vielen, die sich nicht an die Szene, sondern die Allgemeinheit richten. Und dabei immer wieder auf PI-News – Politically Incorrect gestoßen.

PI-NEWS,
so die Eigenbezeichnung des webblogs »politically incorrect«, wurde 2004 von dem Kölner Sportlehrer Stefan Herre gegründet. In einer Präambel bezeichnet der Blog sich u.a. als »proamerikanisch, proisraelisch und gegen die Islamisierung Europas«. Einzelne der zumeist anonym publizierenden Autoren wurden wegen Volksverhetzung verurteilt.[162] 2015 veröffentlichte der Blog die Telefonnummer, Büro- und die private Adresse des später von Rechtsterroristen ermordeten Kasseler Regierungspräsidenten Walter

Lübcke – nebst der Aufforderung, »dort mal vorbeizuschauen« [163]. Einzelne Initiativen u. a. der »Linken«, den Blog unter Beobachtung des Verfassungsschutzes zu stellen, lehnten die Bundesregierung und die Landesregierungen von NRW und Bayern 2011 ab. Im April nach dem Ende unseres Beobachtungszeitraums stuft der Verfassungsschutz den Blog als »erwiesen extremistisch« ein.

Der Aufmacher von PI am 28. Dezember ist ein gleichschenkeliges Dreieck, dort Power-Dreieck genannt: »Die Querdenker, die AfD und die alternativen Medien«. [164] Wie vernetzt hier gearbeitet wird, zeigen ein Interview mit Michael Mross und ein langer Artikel zum Jahresrückblick von Compact, dazu ein Blick nach Österreich, wo OE24 zitiert wird mit einem Interview des früheren FPÖ-Innenministers Herbert Kickl, der nach der »Ibiza-Affäre« aus dem Amt entlassen wurde. [165]

Nach den Worten von Autor »hsg« hat »die Abkehr der Mainstream-Medien von ihrer originären Aufgabe, als vierte Gewalt ein Korrektiv zu sein ..., zu einem kometenhaften Aufstieg der alternativen Medien geführt«. Als Vorbilder für »Profis, die ihr Berufsethos nicht verraten haben«, werden Roland Tichy, Boris Reitschuster und Matthias Matussek genannt.

Querdenker, AfD und Alternative Medien eint, so PI »der Wunsch nach Freiheit«. Für den Autor des Artikels sind die Querdenker der Hebel, die AfD zu stärken. »Patrioten sind in dieser Gruppe ebenso zu finden wie Grüne, Linke, QAnon-Anhänger und Menschen, die an die Flower-Power-Bewegung erinnern.« Die Majorität bilden jedoch die »ganz normalen Leute aus der Mitte der Gesellschaft, die über genügend Intelligenz und politische Bildung verfügen, um zu erkennen, wohin die Reise geht.«

Die Alternative also bildet »hsg« zufolge eine »Alternative für

Deutschland«, aber ohne Jörg Meuthen. Zusammenfassend heißt es: »Ziehen die Querdenker, die AfD und die alternativen Medien gemeinsam an einem Strang, dann hat die derzeit herrschende Elite ein ernsthaftes Problem.«

Eingerahmt wird dies von Anzeigen der rechten Verlage Antaios, Kopp und Ahriman. Und eines Braukellers, wo man sich unter einer »Fernsprechverbindung« einen Platz reservieren kann, um deutsche Gemütlichkeit »bei Kellerbier, Pils und Spanferkel« zu genießen.

EINE EXKLUSIVMELDUNG AUS DER ANDERSWELT

Und dann gibt es kurz vor der Jahreswende doch noch ein bisschen Hoffnung in den Tichy-typischen apokalyptischen Szenarien. TE-Vielschreiber Alexander Wallasch hat in einer Pressemitteilung ein Medikament gegen Covid-19 entdeckt. Doch erst einmal sieht er sich in seiner Impfskepsis bestätigt. Denn »bei den Corona-Risikogruppen der Alten und Vorerkrankten« wirken Impfungen schlechter. Belege für diese These findet er in einem Nebensatz einer Pressemitteilung der Technischen Universität Braunschweig.[166]

Pressemitteilung TU Braunschweig

Die Technische Universität Braunschweig schreibt: »Wir wissen, dass ein Impfstoff nicht bei jedem Menschen wirkt, und dies ist besonders bei älteren Menschen zu beobachten. Es gibt auch Patienten mit anderen Krankheiten, die ebenfalls nicht geimpft werden können. Leider sind dies genau die beiden Personengruppen, die in der Regel ein höheres Risiko haben.« Die Größe dieser Gruppe wird auf der

Website der TU Braunschweig nicht genannt. Auch keine Schätzung dazu. [167]

Hilfe ist laut Wallasch also in Sicht: Ein in Braunschweig entwickeltes Medikament verkürzt dem Artikel zufolge die Krankheitsdauer bei Hamstern auf zwei Tage. Im Januar soll die für eine Medikamentenzulassung notwendige klinische Studie an infizierten Patienten starten. Bei einer Ausgründung der TU Braunschweig, der YUMAB GmbH, die die Entwicklung des Medikaments vorwärtstreiben soll, geht man laut Autor Wallasch davon aus, dass »ein Effekt des Medikaments zudem viel schneller nachgewiesen werden kann als in Impfstoffstudien«. Impfskeptiker Wallasch setzt sich hier auch deutlich von Impfgegnern ab. Das Medikament, so Wallasch, zielt auf jene zwei Milliarden Menschen, »denen Impfungen ... sogar gefährlich werden«. Woher Wallasch diese Zahl hat, so beeindruckend sie auch sein mag, kann ich mir beim besten Willen nicht vorstellen. Wallaschs changierende Meinung ist nicht so ganz verständlich, sie weckt aber auf jeden Fall Zweifel. Ich bin gespannt auf den Realitätscheck von Friedrich Küppersbusch.

> Die **YUMAB GmbH** wurde 2012 aus der TU Braunschweig heraus gegründet. Das Biotechnologie-Unternehmen entwickelt nach eigenen Angaben »künstlich menschliche Antikörper«. Für einen solchen Antikörper »Cor-101«, der gegen Covid wirksam sein soll, gründet YUMAB im Mai 2020 mit dem Land Niedersachsen und einer Braunschweiger Investorengruppe das Biotec-Startup »CORAT Therapeutics GmbH«. In einer Pressemitteilung zur Gründung schreibt die TU Braunschweig: »Bei den bisher berichteten Effizienzdaten der ... Impfstoffe wären von der gesamten Weltbevöl-

kerung von sieben Milliarden Menschen zwischen 350 Millionen und zwei Milliarden gar nicht zu schützen.«

Mich lässt das erst einmal ratlos zurück. Bei einer kurzen Recherche innerhalb meiner selbst auferlegten Grenzen stoße ich auf »reitschuster.de«. Reitschuster, der seine Homepage mit den Worten vorstellt: »Kritischer Journalismus. Ohne ›Haltung‹. Ohne Belehrung. Ohne Ideologie«, findet aber eine deutlich andere Erzählperspektive. Er fokussiert sich auf die Erzählung der unwirksamen, ja sogar gefährlichen Impfung, die die TU Braunschweig zumindest andeutet. Unter »Verdrängte Tatsachen« schreibt er: »Auch nach Impfung: Ältere Menschen oft nicht geschützt.«[168] Für ihn ist die Passage auf der Website der TU-Braunschweig ein »revolutionärer Akt« in einer Zeit, in der »von Medien und Politik fast schon religiöse Hoffnungen in einen auf die Schnelle entwickelten Impfstoff geweckt und Zweifel verurteilt werden«. Das mag ein bisschen übertrieben formuliert sein, aber es ist, so scheint mir nach Monaten in der Anderswelt, nicht völlig von der Hand zu weisen.

Wo Reitschuster in dieser Pandemie-Zeit steht, ist offensichtlich. Nur ein paar Headlines: »Beunruhigende Nachrichten aus Japan: viel mehr Selbstmorde als Covid-19-Tote.«[169] »Eine mathematische Analyse – Ist die ›amtlich verordnete Panik‹ übertrieben?«[170] – »Viren sind nicht das Problem – bleiben Sie besonnen«[171], ein Gastbeitrag des umstrittenen Pneumologen und ehemaligen SPD-Politikers Wolfgang Wodarg. »Analoge Maßnahmen wie bei Corona-Lockdown auch fürs Klima?«[172] »Vorführen von alten Menschen? – TV-Impf-Aktion: Entwürdigend und zutiefst inhuman.«[173] Altersdurchschnitt der Toten bei 84 Jahren: »Covid-19-Infektion bei zwei Dritteln der Toten wegdenkbar.«[174] Andere Themen finden sich kaum. Anders als mit dem Begriff

Dauerfeuer lässt sich das nicht beschreiben. Wie bei allen vergleichbaren Publikationen ist der Blickwinkel auch bei Reitschuster verengt. Was nicht in das Bild des übergriffigen, Panik erzeugenden Staates passt, wird einfach ausgeblendet.

Was im letztgenannten Artikel als unumstößliche Tatsache präsentiert wird, geht zurück auf den Facebook-Eintrag eines Gerichtsmediziners, der als Dr. Dietmar Benz vorgestellt wird. Mittlerweile, also heute am 30. Dezember, ist der Eintrag von dessen Facebook-Seite wieder verschwunden. Entdeckt hat ihn ursprünglich der Leipziger Wirtschaftswissenschaftler Dr. Stefan Homburg. Er kommentiert: »Dr. Dietmar Benz, Gerichtsmediziner seit 30 Jahren, erklärt das Paradox: Bei seinen Leichenschauen waren die Testpositiven im Schnitt 84 Jahre alt und die meisten wären auch ohne Corona gestorben.« [175] Genau genommen ist der Satz Unsinn: Die meisten Menschen sterben. Eigentlich alle. Und die meisten von ihnen in der Tat nicht an Corona.

> FK: Dein letzter Satz ist wie gedacht? Ironisch, genervt, ist das dein Schreibstil? Muss ich jetzt den mahnenden Zeigefinger erheben?
> HD: Darüber hatten wir ja schon mal gesprochen. Immer mal wieder würde ich einfach gerne zurückfeuern, dieselben Waffen auspacken. Ab und an verleitet mich dieser Sprachduktus, dem ich mich andauernd aussetze, in der Tat zu einem ähnlichen Schreibstil. Ein bisschen arrogant, versuchsweise ironisch und gerne mal unter die Gürtellinie gezielt. Lass es mir einfach mal durchgehen.

Benz hat dem Facebook-Post zufolge in den Kalenderwochen 49 und 50 705 Leichenschauen durchgeführt. Darunter waren 132 »Corona-Positive«. Dem (verschwundenen) Facebook-Post zufolge hatten »praktisch alle Covid-positiv Verstorbenen schwere, meist mehrfache Vorerkrankungen (am häufigsten Demenz, Z. n. Apoplex, Herzinsuffizienz, Kachexie oder massives Übergewicht) aufgewiesen, und bei mindestens zwei Dritteln dieser Personengruppe (wahrscheinlich eher deutlich mehr) ist eine Covid-19-Infektion auch wegdenkbar, um das todesursächliche Geschehen zu erklären«.

Was hier etwas kompliziert ausgedrückt ist, behauptet nichts anderes als das in der Anderswelt immer und immer wieder Geschriebene: Dieses Virus ist harmlos und vernachlässigbar. Und – dieser Satz muss hier bei Reitschuster hinzugefügt werden – es trifft ja eh nur alte Menschen. Reitschuster beschreibt dies so: Vergleiche man das Durchschnittsalter der so als Covid-19-Tote registrierten Verstorbenen mit der Lebenserwartung in Deutschland, die bei rund 80 Jahren liege, so müsse jeder noch »denkfähige Mensch und Mediziner fragen«, und hier zitiert Reitschuster anscheinend den verschwunden Facebook-Eintrag, »ob die weitreichenden politischen Maßnahmen mit ihren schweren Folgen für alle Menschen (schwere millionenfache psychische Störungen, Verängstigung, Vereinsamung, Zerstörung des sozialen Lebens, aber auch Entzug unserer Grundrechte) noch in irgendeinem Verhältnis stehen zu dem, was durch die politischen Maßnahmen an Schaden abgewendet werden soll«.[176]

Dr. Dietmar Benz
ist Gerichtsmediziner, Pathologe und vereidigter Sachverständiger in Tübingen. Der inzwischen gelöschte Facebook-Post bleibt Benz' einzig öffentliche Äußerung zu Corona.

Für eine seriöse Statistik taugen weder der Erhebungszeitraum noch die Zahl der Fallbeispiele, doch für voreingenommene Leser ist dies sicherlich ein weiterer schlüssiger Beweis für die Harmlosigkeit des Virus. Wer sich nur noch in der Blase bewegt, findet immer und immer wieder Bestätigung, bei diesem Beispiel mithilfe eines Gerichtsmediziners, der wiederum von einem offensichtlich anerkannten Ökonomen als Kronzeuge angeführt wird. Dass die »Erkenntnisse« dieses Facebook-Posts »in anderen Medien« ausgeblendet werden, bleibt nicht unerwähnt. Wer an der Politik der Bundesregierung, wer an objektiver Berichterstattung in den Mainstream-Medien zweifelt, findet hier seine Bestätigung.

Die Glaubwürdigkeit des Autors Reitschuster wird auf seinem Blog legitimiert von einem der großen alten Männer des deutschen Journalismus. Wie eine Anzeige aufgemacht, findet sich folgendes Zitat: »Ich empfehle reitschuster.de, weil ich den Kollegen Boris Reitschuster in 16 Jahren der Zusammenarbeit als herausragenden Journalisten kennen und schätzen gelernt habe. Er ist engagiert, mutig, unabhängig, tapfer und fleißig.« Das Foto zeigt den langjährigen Focus-Chef Helmut Markwort.

Empfehlung

Auf die Frage, warum er seine Seite lese, antwortete Markwort, mittlerweile FDP-Abgeordneter im Bayerischen Landtag, in einem Interview mit Reitschuster: »Ich werde Ihnen noch eine extra Empfehlung abgeben. Ich freue mich, aus meiner Bekanntschaft, Freundschaft und auch von politisch vernünftig Denkenden immer wieder zu hören, wie begeistert sie Reitschusters Veröffentlichungen folgen.« [177]

Ein weiterer vertrauenerweckender Name, diesmal mit anscheinend wissenschaftlicher Legitimation, ist Stefan Homburg. Immer mal wieder ist er mir in den letzten Wochen als Empfehlung bei Twitter untergekommen.

Von heute an folge ich ihm: 6.473 Tweets bis zum heutigen 30. Dezember. Er ist erst seit Mai auf Twitter und zählt schon imposante 21.700 Follower, darunter eine Moderatorin aus meinem alten Umfeld, die »Achse des Guten« und KenFM.de. Homburg selbst stellt sich vor als »Professor and Director of Public Economics Leibniz University Hannover«. Dann eine Deutschland-Flagge und weiter: »Consistently interested in (counter-)arguments.«

Selbst für Twitter-Verhältnisse ist er außerordentlich fleißig: Mehr als hundert originäre Tweets im Dezember. Praktisch ausnahmslos mit dem Thema Corona. Alle Tweets stellen, wenn auch in eher sachlichem Ton, massiv die deutsche Pandemie-Bekämpfung infrage. Ob sie die Welt verdunkeln oder erhellen, ist sicher eine Frage des Standpunkts. Aber immerhin tweetet hier ein offensichtlich renommierter Wissenschaftler.

Prof. Dr. Stefan Homburg
ist Direktor des Instituts für Öffentliche Finanzen der Leibniz-Universität in Hannover. 1996 berief ihn der damalige Bundesfinanzminister Theo Waigel in den wissenschaftlichen Beirat des Bundesfinanzministeriums. Er hat in der Folgezeit mehrfach vehement die Einführung des Euro abgelehnt. Seit März dieses Jahres äußert er sich auf unterschiedlichen Plattformen gegen die Corona-Maßnahmen der Bundesregierung. Homburg rückte im April die Bundesrepublik in die Nähe einer Diktatur. In einem Video-Interview der ehemaligen RTL-Moderatorin Milena Preradovic vom 17. April 2020 hatte er geäußert, dass die »Eliten ... um den wahren Sachverhalt« wüssten. [178]

Das Interview hatte zum Jahresende 2020 1,2 Millionen Aufrufe bei YouTube. Die Süddeutsche Zeitung bezeichnete ihn daraufhin in der Überschrift eines Artikels »Prof. Dr. Verschwörung« und schreibt zusammenfassend: »Wilde Behauptungen, keine Belege.« [179] Auf der Homepage der Universität, an der er lehrt, findet sich unter dem Datum 25. Mai 2020 eine »gemeinsame Stellungnahme des Senats, des Präsidiums und des Hochschulrats zu den Einlassungen von Herrn Univ.-Prof. Dr. Stefan Homburg zur Corona-Krise« [180]. Dort wird deutlich auf das Recht zur freien Meinungsäußerung verwiesen. Aber: »Sie (die drei Absender der Stellungnahme) distanzieren sich dezidiert vom Inhalt der Äußerungen. Das betrifft insbesondere die Gleichsetzung der derzeitigen Verhältnisse mit denen des Jahres 1933.«

Unter der Twitter-Empfehlungs-Rubrik »Was Dir gefallen könnte«, finde ich wieder einmal ausschließlich Bekannte aus der Anderswelt: Boris Reitschuster, Max Otte, den umstrittenen Ökonomen, den Corona-Verharmloser Wolfgang Wodarg, Dieter Stein, Vera Lengsfeld, Alice Weidel, Erika Steinbach, Michael Mross und die AfD-Fraktion im Deutschen Bundestag.

III

ZWEIERLEI MASS, DAS PRINZIP DER ANDERSWELT

FLUCHT UND MIGRATION. WO DIE VERUNSICHERUNG DER MITTE BEGONNEN HAT

In den Tagen um den Jahreswechsel steht neben Corona ein weiteres Thema ganz oben auf der Agenda der alternativen Medien: der Rückblick auf die Silvesternacht 2015 in Köln. »Vor fünf Jahren«, so schreibt bei Tichys Einblick ein Autor namens »Dokumentation«, »ereignete sich in Köln ein doppelter Skandal. In der Silvesternacht wurden am Hauptbahnhof und vor dem Dom Hunderte Frauen öffentlich angegrabscht, missbraucht, bestohlen, einige sogar vergewaltigt.« [1]

> Bei der Staatsanwaltschaft Köln gingen im Zusammenhang mit der **Silvesternacht 2015** insgesamt 1182 Anzeigen ein, davon 497 explizit zu sexuellen Übergriffen. Fünf Opfer zeigten eine Vergewaltigung an, 16 eine versuchte Vergewaltigung. [2] Fünf Jahre danach waren 36 Täter verurteilt, meist wegen Diebstahls und ähnlicher Delikte. Zwei Männer wurden der sexuellen Nötigung und Beihilfe dazu überführt und verurteilt. [3]

Bei allem Entsetzen über die Kölner Silvesternacht scheint mir die Zahl Hunderte meiner Erinnerung nach etwas übertrieben.

Doch mit den folgenden Zeilen hat der Autor zweifelsfrei recht: »Der zweite Skandal war das lange Schweigen der Behörden und Medien darüber.« Die weiteren Zeilen spiegeln die landläufige Meinung wider. »In jenem Jahr des großen Zuwanderungsstromes schien es womöglich vielen Beamten und Politikern, aber auch Journalisten nicht opportun, darüber zu berichten. Schließlich waren die Täter in der übergroßen Mehrheit kürzlich aus dem nordafrikanischen und vorderasiatischen Raum Zugewanderte.«

Die Buchstaben WE in Versalien stehen in der Begrifflichkeit der nordrhein-westfälischen Landesregierung für »wichtiges Ereignis«. Die Verteilung dieser WEs war und ist in Düsseldorf standardisiert und präzise geregelt. Zu den zu Informierenden gehörten in der damals amtierenden Regierung Kraft unter anderem der Regierungssprecher, das Vorzimmer des Chefs der Staatskanzlei und das Büro der Ministerpräsidentin. Am 1. Januar 2016 um 14:36 Uhr ging dort dieses WE ein: »Im Rahmen der Silvesterfeierlichkeiten kam es auf dem Bahnhofsvorplatz in der Innenstadt (gemeint ist Köln) zu insgesamt bislang bekannten 11 Übergriffen zum Nachteil von jungen Frauen, begangen durch eine 40- bis 50-köpfige Personengruppe. Die Frauen wurden hierbei von der Personengruppe umzingelt, oberhalb der Bekleidung begrabscht, bestohlen und Schmuck wurde entrissen ... Die Tätergruppe wurde einheitlich von den Opfern als Nordafrikaner im Alter zwischen 17 und 28 Jahren beschrieben ... Von weiteren Anzeigeerstattungen im Laufe des Tages ist auszugehen.«[4]

Nachzulesen ist dies unter dem Landesportal »Wir in NRW«. Dort findet sich auch der entschuldigende Satz: »Diese E-Mail-Information ließ das heute bekannte, tatsächliche Ausmaß der schrecklichen Vorgänge in der Silvesternacht nicht erkennen.«

Aber diese Mail kam dem Sachverhalt deutlich näher als die

dpa-Meldung, die auf einer Pressemitteilung der Landesleitstelle der Polizei fußt und wenige Stunden vorher um 10:56 Uhr verschickt worden war:

Unter der Überschrift »Polizei meldet landesweit ruhigen Jahreswechsel« heißt es »Gelassener Start ins neue Jahr: Die Polizei zieht für die Silvesternacht in Nordrhein-Westfalen eine ruhige Bilanz.« Zwei Stunden vorher um 8:57 Uhr schon hatte die Kölner Polizei selbstzufrieden Bilanz gezogen: »Ausgelassene Stimmung, Feiern weitgehend friedlich«. Zu den Vorgängen am Bahnhofsvorplatz heißt es in der Pressemitteilung: »Um eine Massenpanik durch Zünden von pyrotechnischer Munition bei den circa 1.000 Feiernden zu verhindern, begannen die Beamten kurzfristig die Platzfläche zu räumen«, und weiter: »Trotz der ungeplanten Feierpause gestaltete sich die Einsatzlage entspannt – auch weil die Polizei sich an neuralgischen Orten gut aufgestellt und präsent zeigte.« Dieser Text war eine dreiste, schlichte Lüge.[5]

Denn schon am Neujahrstag gibt es in einem lokalen Kleinanzeigen-Portal bei Facebook namens »Nett-Werk Köln« erste Hinweise, dass die Silvesternacht am Kölner Bahnhof anders verlief als offiziell dargestellt. Doch es wird Tage dauern, bis scheibchenweise das ganze Ausmaß der Ereignisse bekannt und auch berichtet wird. Noch am 4. Januar, dem Montag danach, wird das Thema in den heute-Nachrichten beim ZDF ausgespart. Zu diesem Zeitpunkt ist schon, zumindest grob, das Ausmaß der Übergriffe von Donnerstag Nacht bekannt. Der zuständige stellvertretende Chefredakteur Elmar Theveßen hat sich später für dieses »Versäumnis« entschuldigt, eine der wenigen, selbstkritischen Äußerungen von Pressevertretern in diesen Tagen.[6] Theveßens Facebook-Eintrag zählte innerhalb weniger Tage 2.300 Kommentare. Die meisten negativ. Für viele Zuschauer war die redaktionelle

Fehleinschätzung ein klarer Beleg für die unterstellte Absicht, es dürfe zu den Themen Flucht und Migration nicht negativ berichtet werden.[7]

Der Vorwurf, viele Medien, nicht nur das ZDF, hätten Beißhemmungen gezeigt und nur einen Teil der Wahrheit erzählt, wird nicht mehr aus der Welt zu schaffen sein. Die Fehlleistungen der gesamten deutschen Presse in diesen Tagen, die mehr waren als schlampige Recherche, sind der Grund für einen massiven Vertrauensabfall.

Selbst Tage später, am 5. Januar, werden der zu diesem Zeitpunkt noch amtierende Polizeipräsident Albers und die Kölner Oberbürgermeisterin Henriette Reker bei einer Pressekonferenz erklären, dass es keinen Hinweis darauf gäbe, »dass es sich hier um Menschen handelt, die hier in Köln Unterkunft als Flüchtlinge« bezogen hätten.

»Das Vertrauen in die Äußerungen der Polizei war zu diesem Zeitpunkt«, schreibt die Bundeszentrale für politische Bildung, »bereits auf einem Tiefpunkt.« Das Gedächtnisprotokoll eines Bundespolizisten, das Bild und Spiegel Online in den Tagen darauf veröffentlichen, zeichnet ein klares Bild von sexuell aggressiven Tätern.[8,9] Auch wenn unter anderem in der Frankfurter Allgemeinen Zeitung Zweifel an der Authentizität geäußert werden, ist spätestens jetzt das Bild für viele klar. »Die Polizei hat uns belogen, es waren doch Flüchtlinge unter den Tätern«, fasst die Bundeszentrale für politische Bildung zusammen. Und zu den Lügnern werden auch von vielen Deutschen die Medien gezählt. Der gefühlte Vertrauensverlust ist selbst verschuldet und nachhaltig.

Empirische Daten dazu finden sich nur in einer Langzeitstudie des Instituts für Publizistik an der Mainzer Johannes Gutenberg-Universität.[10] Deren Repräsentativbefragung aus dem Jahr 2016 klingt harmloser. Sie lässt zwar »insgesamt keinen umfassenden, dramatischen Vertrauensverlust in die Medien erkennen«, attestiert aber: »Andererseits artikulieren größere Teile der Bevölkerung ein erhebliches Misstrauen gegenüber den Medien.« Veröffentlicht in der Fachzeitschrift Media Perspektiven.

Media Perspektiven
begleitet seit 1970 die medienwissenschaftliche und medienpolitische Diskussion in Deutschland. Herausgeber ist der Intendant des öffentlich-rechtlichen Hessischen Rundfunks in Zusammenarbeit mit der ARD-Werbung.

Doch der subjektive Eindruck vieler ist spätestens seit der Silvesternacht ein anderer und geht in den Zahlen und der Zusammenfassung eher unter. Es sind 2016 immerhin 22 Prozent, also knapp ein Viertel, die klar sagen, dass »man den Medien eher nicht/überhaupt nicht vertrauen kann«. Laut dieser Untersuchung geht »die Debatte um eine vermeintliche Lügenpresse und die öffentliche Aufmerksamkeit für Fragen der Medienkritik ... einher mit Anzeichen für eine Polarisierung im Medienvertrauen«. Und weiter: »Die Mitte ... schrumpft, also die Gruppe derer, die mit gemischten Einstellungen auf Medien blicken.«

WER UND WAS IST DIE LÜGENPRESSE?

Der Begriff »Lügenpresse« war schon 2014 zum Unwort des Jahres erklärt worden.[11] Spätestens im Januar 2016 entwächst er dem Spektrum der Pegida-Anhänger und wird zum politischen Kampfbegriff.[12]

Doch der Begriff ist deutlich älter und wurde von unterschiedlichen politischen Lagern verwendet. Die Absicht war immer die gleiche: den Gegner zu diskreditieren. Erster Adressat war die liberale Presse in der Mitte des 19. Jahrhunderts, dann wurden im Ersten Weltkrieg die Zeitungen der von Deutschland bekriegten Länder damit belegt. NS-Agitatoren nutzten den Begriff, aber auch Organisationen der deutschen Arbeiterbewegung. In der Nachkriegszeit verschwand der Begriff, bis ihn die Dresdner Pegida-Bewegung aus dem Staub der Geschichte holte. Die Kölner Silvesternacht hat den Begriff ins Bürgertum getragen.

Schon vor Wochen habe ich mir dazu auf Empfehlung diverser Anzeigen bei Mross und Compact »Das Wörterbuch der Lügenpresse« bestellt.[13] Und auf die Empfehlung von Amazon hin gleich noch »Gekaufte Journalisten«[14] des Ex-FAZ-Redakteurs Udo Ulfkotte, der sich bis zu seinem Herzinfarkt regelrecht in einen Anti-Mainstream-Wutrausch hineinschreibt. Und »Lügenpresse« eines Autors namens Peter Denk.[15] Ulfkottes Buch wurde 2014 erstmals veröffentlicht und ging im Dezember 2019 in die neunte Auflage, was für eine sechsstellige Zahl von Buchverkäufen spricht. Peter Denk kannte ich bisher nicht.

Eine Autorenvorstellung suche ich in seinem Buch vergebens, aber sein Xing-Profil weist ihn als Diplomingenieur aus, und auch Amazon, wo ich weitersuche, stellt ihn vor als Diplomingenieur in der IT-Industrie. »Durch seine solide naturwissenschaftliche Ausbildung ist er gewohnt, unvoreingenommen Analysen durchzuführen und Daten zu sammeln, um Verständnis für neue Vorgänge zu erlangen. Da er grundsätzlich möglichst neutral an die Sachverhalte herangeht, fiel ihm früh auf, dass in den Massenmedien bestimmte Themenbereiche komplett ausgeblendet oder auch falsch dargestellt werden.« Dazu, so ist dem Amazon-Text weiter zu entnehmen, seien auch spirituelle Erlebnisse prägend für seinen Weg gewesen.[16]

VERIRRT IN DER ANDERSWELT

Weitere Empfehlungen sind dann Bücher von Michael Salla, Gerhard Wisnewski, Thorsten Schulte, Heiko Schrang und Eva Herman.

Salla ist Australier und einer der Begründer der sogenannten Exopolitik, die davon ausgeht, auf der Erde gäbe es außerirdisches Leben.

Der schon erwähnte Gerhard Wisnewski, ein ehemaliger WDR-Mitarbeiter, ist Compact-Autor, wurde zumindest in der Anderswelt bekannt mit kruden Thesen zum Anschlag auf das World Trade Center und wird von Spiegel Online beschrieben als jemand, der »für so ziemlich jedes Ereignis der Zeitgeschichte eine ganz besondere Erklärung« habe. [17]

Thorsten Schulte ist ein ehemaliger Investmentbanker, der sich laut FAZ »die Wut auf Angela Merkel und Mario Draghi von der Seele geschrieben« hat. Schulte schreibt, was »AfD-Anhänger gerne lesen«, so die FAZ weiter. [18]

Heiko Schrang, so beschreibt ihn Amazon, ist ein deutscher Schriftsteller. »Trotz der großen Leserschaft hat sich aufgrund der Brisanz kein Verlag getraut, sein erstes Buch ... zu verlegen.« [19] Deutschlandfunk [20], Focus online [21], Welt [22] und Zeit online [23] ordnen ihn als Verschwörungstheoretiker ein. Er betreibt den Internetkanal Schrang TV, sein erstes Buch wird auf diesem Kanal in der Hörbuchfassung beworben von dem Schauspieler Horst Janson, der sagt: »Ich hab das Buch angefangen zu lesen und nicht mehr weggelegt. Erkennen, erwachen, verändern.« [24] Der Titel des so beworbenen Buchs: »Die Jahrhundertlüge, die nur Insider kennen«. [25]

Eva Herman ist seit den Nullerjahren eine der Ikonen der neuen Rechten. Fast zwanzig Jahre lang war sie von 1988 bis 2006 Tagesschau-Sprecherin und damit eines der bekanntesten Fernsehgesichter Deutschlands. Nach der Trennung fiel sie mit immer absurderen Behauptungen auf, wie der, dass »eine bestimmte Gruppe von Machtmenschen des globalen Finanzsystems« hinter der Flüchtlingskrise von 2015 stecke.[26] In den vergangenen Jahren gehörte sie zu den einflussreichsten rechten Influencerinnen auf verschiedenen sozialen Medien. Eines ihrer Hauptthemen: die Lügenpresse und die Gleichschaltung der Medien.

Wenn man das Spiel weitertreibt und beispielsweise Eva Herman folgt, empfiehlt Amazon Petra Paulsen, Daniele Ganser, Mathias Bröckers, Udo Ulfkotte, Stefan Schubert und Tim K.

Petra Paulsen ist eine Hamburger Lehrerin. Sie hat es 2018 mit dem Titel »Deutschland außer Rand und Band«[27] auf die Spiegel-Bestsellerliste geschafft. Sie beschreibt laut Buchreport.de »die katastrophalen Folgewirkungen der Zuwanderung auf die innere Sicherheit ... die mentale Verformung der Gesellschaft, bis zum fatalen Verlust des Geschichtsbewusstseins«.[28]

Daniele Ganser ist Schweizer und bezeichnet sich selbst als Friedensforscher. Auch er gehört zu denen, die die Version eines Terroranschlags am 11. November 2001 lautstark anzweifeln, und ist Stammautor des »Magazins für die kritische Masse« Rubikon, einer schwer einzuordnenden Online-Publikation, die von einer »Initiative zur Demokratisierung der Meinungsbildung« herausgegeben wird. Michael Butter, Spezialist für Verschwörungstheorien aus Tübingen, reiht ihn klar ein in die Reihe der Verschwörungstheoretiker, die ihren akademischen Background geschickt einsetzen. Bei Ganser »zeigt sich beispielhaft, wie die stigmatisierte Position des Verschwörungstheoretikers in einen Vorteil verwandelt werden kann, da sie ihm vor ›seinem‹ Publikum besondere Glaubwürdigkeit und Autorität verleiht«[29].

Mathias Bröckers, schon erwähnt als Interviewer von Ken Jebsen, gehörte zu den Gründungsmitgliedern der taz und arbeitete dort bis 2020. Einer breiteren Öffentlichkeit wurde er bekannt mit seinen Thesen zur »Kosher Conspiracy«, in denen er George Bush und Ariel Scharon zu den Hauptverdächtigen des Anschlags vom 9. September zählte. Für den Berliner Historiker Wolfgang Wippermann Antisemitismus pur.[30]

Der schon mehrfach erwähnte Udo Ulfkotte gehört zu den schillerndsten Persönlichkeiten der neurechten Szene. Der ehemalige Redakteur der Frankfurter Allgemeinen Zeitung veröffentlichte bis zu seinem Tod 2017 vornehmlich im Kopp-Verlag eine Reihe von Bestsellern mit Titeln wie »Der Krieg in unseren Städten«[31], »Vorsicht Bürgerkrieg!«[32] oder »Alles Einzelfälle«[33]. Der Literaturkritiker Denis Scheck schrieb über dessen Buch den bitterbösen Satz: »Ganz bei sich ist diese für die übelste Version des deutschen Stammtischs geschriebene Tirade eines gekränkten und verängstigten Kleinbürgers ... Ein Amoklauf in Buchform.«[34]

Stefan Schubert ist ein ehemaliger Polizist, der in seiner Jugend der Blue Army Bielefeld nahestand, einer Hooligan-Truppe von gewalttätigen Fans von Arminia Bielefeld. In seinem Buch »Gewalt ist eine Lösung« stehen Sätze wie: »Wie viele Knochenbrüche, Blutergüsse und posttraumatische Belastungsstörungen wir in dieser Zeit hinterlassen haben, lässt sich kaum zählen.«[35] Schubert ist auch als Autor auf Politically Incorrect zu finden.

Auch Tim K. ist ein ehemaliger Polizist. Sich das vorzustellen braucht viel Fantasie, wenn man ihm auf YouTube begegnet. Empfohlen wird mir heute am 13. Januar ein Video vom gestrigen Tag mit dem Titel »VORSICHT! Warnung: Gott schütze uns vor Söder«. Gemeint ist der bayerische Ministerpräsident, den Tim K. penetrant Södolf nennt.[36] Mehr als 220.000 Aufrufe innerhalb von 24 Stunden. Da sitzt ein etwa fünfzigjähriger Mann mit nach hinten gekämmten weißgrauen Haaren und einem längeren, ebenfalls weißgrauen, sehr gepflegten Bart. Offensichtlich ein Kinderzimmer, Plüschtiere im Hintergrund. Kurze Begrüßung: »Welcome back auf dem love-channel, der so weit weg ist von Rassismus wie die Volksrepublik Kongo von ihrer ersten Mondlande-Mission.« Offen gestanden muss ich dreimal über diesen Satz nachdenken. Hat sich jetzt, knapp vor dem geplanten Ende meiner Zeit bei mir alles verschoben? Sehe ich Gespenster, einen ehemaligen Polizisten, der zum Rocker mutierte und jetzt im rosa Kinderzimmer hockt? Ein erwachsener Mann mit einer getönten Herzchenbrille, der sich, obigem Zitat zufolge, zumindest für mich als Rassist outet? Auf seinem Facebook-Profil posiert er in Rockerkutte und warnt vor schwarz-rot-goldenem Hintergrund: »Haltet stand.« Einer seiner Buchtitel: »Die Rettung Deutschlands« [37].

YouTube empfiehlt mir dann noch eine Anzeige für eine Zahnzusatzversicherung, einen Comic des Grafikers Ralph Ruthe, daneben »Nazi Germany – pictures of madness« [38], eine gerade einmal drei Stunden alte Reportage von Michael Mross zu »Dubai ohne Lockdown« [39] (immerhin schon 14.000 Aufrufe in dieser Zeit) und wieder einmal einen Testbericht: diesmal zur »Pfeilpistole ›Ranchero‹. 40 Joule pure Präzision im Superpack!« [40]. Ich schwöre, ich habe mich nie im Leben für Waffen interessiert. Und nie irgendetwas mit Waffen bei Google, Amazon oder YouTube gesucht. Einmal gescrollt und ich sehe die mittlerweile vertrauten Gesichter von Roland Tichy, Max Otte und neverforgetniki, dazu ein offensichtlich etwas älteres Video, gedreht am 23. Dezember 1944: »4 Jagdtiger zerstören 18 Shermans«. Die These der Soziologin Zeynep Tufekci aus dem Anfangskapitel bestätigt sich wieder einmal.

Und dann noch eine Medienkritik aus dem Videoangebot von PI-Spezials unter dem Titel »Acht Phasen des Wahnsinns« [41]. Ah ja. »Die Geschichte des geheimen DDR-Sturmgewehres ›Wieger‹« [42] erspare ich mir.

Wieder einmal habe ich mich verirrt im Labyrinth der Anderswelt. Noch liegt Thor Kunkels »Wörterbuch der Lügenpresse« auf dem Schreibtisch. Bei ihm wie auch bei Denk und Ulfkotte wimmelt es von Falschbehauptungen und Unterstellungen. Die drei Bücher zusammengenommen sind gut 800 Seiten aggressiver Jammer.

Thor Kunkel
wurde in den ersten Jahren dieses Jahrhunderts von den deutschen Feuilletons als Romancier hochgelobt. Zum Bruch in der öffentlichen Wahrnehmung kam es, als der Rowohlt Verlag kurz vor Druckbeginn des Romans »Endstufe« [43] die Zusammenarbeit einstellte und dies mit Differenzen in inhaltlichen und ästhetischen Fragen erklärte. FAZ-Rezensent Dirk Schümer erklärte die Provokation, hier werde »das Dritte Reich aus der Innenperspektive geschildert. Das heißt, die Leute, die uns das schildern, sind Nazis.« 2011 erschien sein Roman »Subs«, in dem ein modernes deutsches Ehepaar »Balkanmenschen« auf seinem Grundstück als Sklaven hält. Kunkels Roman »Kuhls Kosmos« über Abgründe der Clubszene fand Anerkennung über das beschriebene Milieu hinaus. Das inkriminierte Buch »Endstufe« erschien dann bei Eichborn und wurde in den meisten Medien scharf kritisiert. [44] »Endstufe« wird in einer Langfassung seit 2020 im rechten Kopp Verlag angeboten. Während des Studiums kreierte Kunkel, auch als PR-Berater tätig, Plakate für die Frankfurter Grünen. 2017 und 2019 beriet er die AfD bei Wahlkämpfen.

In Kunkels »Das Wörterbuch der Lügenpresse« werden »die Qualitätsmedien« fast immer in generische und diffamierend gemeinte Anführungszeichen gesetzt. Seine Analyse ist klar: »Wir befinden uns in Deutschland in einer Situation, die es vorher so in der Geschichte nicht gab, und sie entstand aus dem konsequenten Missbrauch unserer Sprache durch privilegierte Kulturlenker und kryptomarxistische Politiker, die die Demokratie von innen ausgehöhlt haben.« Es ist jetzt Anfang Januar, und während ich noch nachdenke, wer von den Politikern, die ich kenne, als »Kryptomarxist« eingeordnet werden könnte (Laschet vielleicht, oder Olaf Scholz?), wird mir klar, dass mich diese Geschichte in Hunderten Aufgüssen bisher in der Anderswelt begleitet hat. Die Medien als Schuldige für den angeblich dysfunktionalen Zustand des Landes, oder wie Kunkel schreibt: »Zahllose journalistische (An)richter leisten das tägliche plausible Umlügen der Wahrheit und die nötige Empörungsbewirtschaftung.«

Nur ein paar Seiten weiter schreibt der nach eigenen Worten »von rotlackierten Nazis« verfolgte Autor vom »losplärrenden Balg ... einer Art Ökoausgabe von Harry Potter« (gemeint ist Greta Thunberg). Oder »vom Minister-Piccolo-Darsteller Maas bis zum Antifa-Gönner Frank-Walter Steinmeier, einer komplett unfähigen Verteidigungsministerin (gemeint ist Annegret Kramp-Karrenbauer), der das Amt von einem noch größeren Desaster namens Flinten-Uschi (gem. Ursula von der Leyen) vererbt wurde, vom polternden Nichts-Tuer Hofreiter Anton bis hin zu der gruseligen Erscheinung namens Volker ›Crystal‹ Beck – sie sind alle große verwöhnte Lausmädels und -buben«. Und selbst vor dem Durchschnittsbürger macht Kunkel nicht halt. Er ist für ihn der »isolierte, gut verhausschweinte Deutsche«, der nicht nur von unfähigen Politikern regiert, sondern auch von »vitalen, gut organisierten Migrantenclans« bedroht wird: »Hier hypersensible, vergeistigte Individuen in überalterten, geschwächten Körpern, dort animalische Kollektivseelen, denen der eigene Körpersaft – das Blut – das Heiligste ist und die (bei allen Defiziten) doch durch ihre Vitalität und Fruchtbarkeit dominieren.«

Und Kunkel, der sich seitenlang über die ihm widerfahrene, angeblich unfaire Behandlung durch Journalisten und Öffentlichkeit auslässt, schlägt dann den Wechsel zur gepfefferten Sprache vor. Wie die aussieht? Statt »Klimawandel« möge man doch besser »postfaktische Absurdität« sagen, statt »Minister« »Abziehknilch«, statt »Depp« oder »Hohlkopf« doch besser »Leser von Spiegel, FAZ, Süddeutscher etc«. Und »leistungsstark schreiben« solle man doch besser bezeichnen mit dem Ausdruck: »Mit blankem Hintern lügen«.

Die kurze Zusammenfassung von Kunkels »Wörterbuch der Lügenpresse«: Ein der Sprache verlustig gegangenes, von verlogenen Journalisten und unfähigen Politikern manipuliertes Volk steht vor dem Untergang, beschleunigt durch Flüchtlinge, Migranten und Zuwanderer.

Die Wortwahl ist in den anderen Publikationen meist gemäßigter, doch die Inhalte bleiben dieselben. Hier wird ein Prinzip von Steve Bannon wiederbelebt. Bannon, Trumps Wahlkampfstratege und langjähriger Kopf der ultrarechten Website »Breitbart News« gab als Strategie aus: »The media ist the enemy« und war damit erfolgreich. Trumps Eintritt in die aktive Politik 2015 hat das Ansehen der angestammten Medien in den USA, aber auch in anderen Ländern unterminiert. Der Kampfbegriff lautete und lautet: »Fake News«. Alles, was nicht in das Weltbild des New Yorker Immobilien-Tycoons und späteren Präsidenten passte oder ihn gar kritisierte, wurde so gebrandmarkt. Er hat das Bild einer linken, weltfremden Medienschickeria installiert. In Deutschland wurde daraus das Zerrbild »linksgrün-versiffter« Medienhorden.

In dem sich Nachrichtenmagazin nennenden »Zuerst!« wird dann in der August/September-Ausgabe des vergangenen Jahres auch eine große »Umwälzung bei den Leitmedien« festgestellt. Laut »Zuerst!« hat eine Studie einer mir bis dato nicht bekannten Monmouth-Universität aus dem Jahr 2018 ergeben, dass »77 Prozent der befragten Amerikaner ... glauben, Fernsehsender würden ›Fake-News‹-Falschmeldungen transportieren«. Und weiter: »Für diese Annahme ermittelte die Universität Hohenheim ähnliche Werte auch für Deutschland.« [45]

Faktencheck

Im Originaltext der Studie der Monmouth University heißt es: »The 77% who believe fake news reporting happens at least occasionally has increased significantly from 63% of the public who felt that way last year.« [46] Die 77% glauben also nicht, die TV-Sender würden konstant und ausschließlich Fake News transportieren, sondern »zumindest gelegentlich«.

Auf Nachfrage beim Lehrstuhl für Kommunikationswissenschaft insbeondere interaktive Medien- und Onlinekommunikation an der Universität Hohenheim (Stuttgart) teilte uns Prof. Dr. Wolfgang Schweiger Folgendes zur unter anderem von ihm durchgeführten Studie mit: »Für die getroffene Aussage findet sich dort [in der Studie – Anm. d. Autor] allerdings weder in Abb. 2 noch sonst wo ein Beleg. Wir haben weder Aussagen zum Fernsehen gemacht noch eine derart große Skepsis gefunden. Keine derzeitige Studie in Deutschland findet, dass die Mehrheit der Bevölkerung glaubt, die journalistischen Medien würden lügen.«

»Zuerst!« stellt klar: »Von den meinungsstarken Medien, also überregionalen Zeitungen, Nachrichtenmagazinen und den öffentlich-rechtlichen Rundfunkanstalten ist keine Objektivität zu erwarten.«

Nach der Kölner Silvesternacht, in den ersten Wochen des Jahres 2016, ist in Deutschland das Verhältnis vieler Bürger zu ihren Medien in der Tat unter die Räder gekommen. Aber auch die Stimmung gegenüber Flüchtlingen, Migranten und Asylbewerbern hat sich verdüstert. Der Islam wird verunglimpft als »Religion der Schlächter« oder mit dem politischen Islam, dem Islamismus gleichgesetzt. Die Begriffe haben sich verschoben und der Ton wurde rau.

FEINDBILD FLÜCHTLING

Das Foto ist am späteren Nachmittag aufgenommen. Es zeigt siebzig, vielleicht achtzig Menschen, die auf die Kamera zugehen. Alle mit eher kleinem Gepäck. Die Sonne kommt von links, die langen Schatten zeigen nach rechts. [47]

So ist der Artikel »Die migrantische Transformation« bebildert. Er ist in der Septemberausgabe 2020 von Tichys Einblick erschienen. »Deutschland befindet sich im Prozess einer schnell ablaufenden ethnischen und kulturellen Transformation.« Ein Begriff, der sich problemlos als intellektuellere Version des rechten Begriffs vom »Bevölkerungsaustausch« verstehen lässt. Und weiter: »Seit 2015 wurde es zu einem Land ohne Grenzen und ohne Kontrolle der Zuwanderung und ihrer Folgen. Die Frage der Integration stellt sich längst nicht mehr. Es gibt sie nicht.«

Faktencheck

Das Staatsgebiet der Bundesrepublik Deutschland wird seit der Wiedervereinigung in Nord-, Süd- und Westrichtung durch die Grenzen vom 31.12.1937 und in Ostrichtung durch die Oder-Neiße-Grenze eingefasst.

Die Zuwanderung, ihre Folgen und die Integration Zugewanderter werden in der Bundesrepublik Deutschland über das »Gesetz zur Steuerung und Begrenzung der Zuwanderung und zur Regelung des Aufenthalts und der Integration von Unionsbürgern und Ausländern« geregelt.

So lässt sich die vorherrschende Meinung in der Anderswelt zusammenfassen. Was in meiner Zeit hier zu diesem Themenkomplex zu lesen ist, gießt immer wieder dasselbe Thema auf: der Untergang Deutschlands durch die »Masseneinwanderung«. Mit Begriffen wird im Regelfall großzügig verfahren, Islamismus und Islam werden häufig gleichgestellt und Flucht als Migration verunglimpft.

Aber das hat nach der inneren Logik in der Anderswelt auch seine Berechtigung: Einer der Autoren markiert dann auch den Spätsommer 2015 als »tiefsten Einschnitt in der Nachkriegsgeschichte«[48], als hätte es 1953 keinen Volksaufstand in der DDR gegeben, keinen Mauerbau und keinen Mauerfall.

Die Medien der Anderswelt bieten fast ausschließlich Negatives zum Thema Flucht und Migration. Ohne die Anschläge in Frankreich und Wien kleinreden zu wollen, die Verkürzung in den Alternativmedien verschiebt jedes Bild. Der Jahresrückblick in der Jungen Freiheit zum Beispiel[49] zählt mit einer Ausnahme nur Gewalttaten von Zuwanderern auf. Die Ausnahme ist eine sachlich geschriebene Meldung, datiert auf den 19. Februar: »Tobias R. erschießt in Hanau neun Menschen mit Migrationshintergrund.« Das fremdenfeindliche Motiv des Täters wird mit keinem Wort erwähnt.

Hanau

Am 19. Februar 2020 erschoss der arbeitslose Tobias R. in der Innenstadt von Hanau neun Menschen mit Migrationshintergrund. Anschließend tötete er seine Mutter und sich selbst. Der Präsident des Bundeskriminalamts äußerte sich zu den Motiven klar und eindeutig: »Das BKA bewertet die Tat als eindeutig rechtsextremistisch. Die Tatbegehung beruhte auf rassistischen Motiven.« [50]

Dafür war anscheinend kein Platz mehr, genauso wenig wie für eine Meldung vom 7. April dieses Jahres, die sich in vielen deutschen Mainstream-Medien fand: »Mehr rechtsextrem motivierte Straftaten.« [51] Platz war aber für eine Meldung vom 16. August: »Knorr und andere Hersteller benennen die ›Zigeunersauce‹ um.« [52]

Wirklich übel wird mir jetzt im Januar, in der letzten Phase dieser Reise in die Anderswelt. Gerhard Wisnewski, dessen sehr persönliche Sicht auf den Reichstagssturm schon beschrieben wurde, deutet den Anschlag von Hanau in seinem Jahresrückblick kurzerhand um: in einen Bandenkrieg.

> Spiegel Online hat **Wisnewski** schon 2014 attestiert, er habe »für so ziemlich jedes Ereignis der Zeitgeschichte eine ganz besondere Erklärung«. Damit trage er mit seinen Veröffentlichungen im Kopp Verlag zur verlagstypischen »Mischung aus Rechtspopulismus, Kapitalismuskritik und Tabubrecher-Attitüde bei«. [53]
>
> Ein Jahr später beschreibt der österreichische Journalist Hans Rauscher im linksliberalen Standard [54] Wisnewski als »Hochleistungs-Verschwörungstheoretiker«. Einen weiteren Beleg für diese Beschreibung legt Wisnewski in »Das andere Jahrbuch 2020« auf den Seiten 80 bis 91 vor. [55]

Wisnewski versucht, die Beweise von Polizei und Staatsanwaltschaft zu widerlegen. Seine Zeugen haben keine Namen, er selbst hat keine Belege, aber eine Theorie. »Den Zeugenaussagen zufolge handelt es sich nicht um den Amoklauf eines Einzelnen, sondern um eine Art Krieg, wahrscheinlich Bandenkrieg.« Seine Beweisführung stützt sich auf ein YouTube-Video, in dem laut Wisnewski Messenger-Nachrichten zusammengestellt wurden, die zumindest die Indizien liefern, dass alles ganz anders war.

Schon der erste Zeuge hat eine klare Meinung: »So, Leute, isch hab jetzt Informationen. Ihr kennt doch Huq-up-Besitzer. Der ist gestorben, und das waren Hells Angels, Familienstreit, keine Ahnung, irgendwas mit Geld.« Oder Zeuge Nummer acht: »Bis jetzt ist die Story so, dass es zwischen Russen und Kurden so'ne Fetzerei war.« Oder Zeuge Nummer zehn: »Kollesch hat hier ... ne Bar ... Die haben jetzt an mehreren Standpunkten rumgeballert, wie gesagt, sollen ja zwei Russen gewesen sein.« Und so weiter, und so weiter. Wisnewski schließt aus diesem Socia-Media-Geplapper auf ein »viel komplexeres Geschehen als ein monozentrischer Amoklauf. In Wirklichkeit geht es um eine Vielzahl von Personen, Autos und Schauplätzen.« Was folgt, ist eine nicht anders als abenteuerlich zu bezeichnende Verunglimpfung von Polizei und Medien, die den unwissenden, uninformierten Bürgern die Story vom Einzeltäter unterjubeln wollen. Wisnewskis Schluss: »Das Milieu, in dem solche Straftaten entstehen, müssen wir, wie gesagt, ganz woanders suchen.« Gemeint sind in der Wisnewski-Wortwahl Ausländer.

Sein Hauptbeweisstück ist ein kurzes Video, hochgeladen auf YouTube [56], von einer gewissen Ellen Reich. 55 Abonnenten, 127 Aufrufe für das »Beweisvideo« am 22. Januar.

Bei diesem Text von Wisnewski frage ich mich wieder mal, ob die Autoren wirklich selbst glauben, was sie schreiben.

Ein anderes Beispiel, ein anderer Zusammenhang, aber wieder das Umfeld Ausländer, Zuwanderer, Kriminalität, innere Sicherheit: Die Junge Freiheit unterstellt in ihrem Rückblick auf »Fünf Jahre ›wir schaffen das‹« im Sommer 2020 der Bundeskanzlerin »gewollten Kontrollverlust«. Diese Formulierung ist offensichtlich unsinnig, aber für eine Leserschaft, die sich für alles begeistert, was gegen die Kanzlerin geschrieben, gedruckt und gesagt wird, möglicherweise glaubhaft. [57]

Immer wieder wird der Untergang Deutschlands beschworen. In fast allen Artikeln zum Rückblick auf den Sommer 2015 finden sich ähnlich starke Worte wie hier in der zitierten JF und schwache oder gar keine Beweise. So offensichtlich, dass es eigentlich zum Greifen wäre. »Drei Viertel der hier lebenden ›Syrer‹ sind im Hartz-IV-System gelandet.«

Faktencheck

Die Zahl »drei Viertel«, die so auch von der Qualitätspresse genutzt wird [58], beruht auf einer Studie der Bundesagentur für Arbeit aus dem Jahr 2018, die eine Gruppe aus ungefähr 25.000 Geflüchteten untersucht hat. Innerhalb dieser Stichprobe befanden sich zum Zeitpunkt der Befragung 66% der Syrer in Maßnahmen der Bundesagentur für Arbeit.

»Die Zahl der ausländischen Hartz-IV-Bezieher ist in den letzten zehn Jahren um fast eine Million gestiegen, die Zahl der deutschen Bezieher um mehr als eine Million gesunken.«

Faktencheck

Die Zahl der Hartz-IV-Empfangenden wird nicht nach Nationalitäten aufgeschlüsselt. Wäre hier die Rede von Arbeitslosenzahlen würde die Zahl für Deutsche ungefähr stimmen

(2009: 2.886.700 / 2010: 2.732.670 / 2019: 1.623.654 / 2020: 1.890.814), die für Ausländer nicht (2009: 522.089 / 2010: 500.904 / 2019: 636.014 / 2020: 795.692). Die Zahlen beruhen auf dem Migrationsmonitor der Bundesagentur für Arbeit.[59]

»Zugleich geht der Zuzug neuer Asylbewerber auf hohem Niveau weiter.«

> 2020 wurden in Deutschland laut Bundesamt für Migration und Flüchtlinge 102.000 Erstanträge auf Asyl gestellt. Das ist die niedrigste Zahl seit 2012.[60]

Der Jungen Freiheit zufolge »muss die Kosten dafür die schrumpfende einheimische Bevölkerung aufbringen. Die direkten Asyl-Ausgaben von Bund und Ländern kumulieren sich auf einen hohen dreistelligen Milliardenbetrag; die volkswirtschaftlichen Gesamtkosten überschreiten nach konservativen Schätzungen die Billionengrenze.«

> Die **asylbedingten Leistungen** des Bundes der Jahre 2015, 2016, 2017,[61] 2019 und 2020[62] belaufen sich auf 101,3 Mrd. Euro. Für 2018 liegen zwar keine Daten vor, man kann jedoch von einem ähnlichen Niveau um 25 Mrd. Euro ausgehen. Wenn man diese Zahlen als Schätzgrundlage nimmt, dauert es ungefähr 50 Jahre, bis die Billionengrenze erreicht ist.

»Noch schwerer«, heißt es in der JF weiter, »wiegen die immateriellen Kosten ... vor allem die Erosion der Sicherheit im öffentlichen Raum durch die hohe Kriminalitätsbelastung von Asylzuwanderern, die unsere Rechts- und Werteordnung offen ablehnen.«

Den »Bundeslagebildern Kriminalität im Kontext von Zuwanderung« von 2015 bis 2019 lässt sich entnehmen, dass die Kriminalitätsrate unter Geflüchteten seit 2010 kontinuierlich sinkt.[63]

Für die Junge Freiheit das Ende schlechthin, ausgelöst durch »migrationspolitische Extrempositionen der radikalen Linken«, die »zum Mainstream geworden« sind.

»Dieser institutionalisierte geistige Bürgerkrieg hat Deutschland tief gespalten und seelisch schwer verwundet.« Es ist wie so oft das Muster, das in wenigen Wochen mit dem Begriff »cancel culture« hochgejazzt wird. Und natürlich wieder: Es gibt keine Meinungsfreiheit in diesem Land.

Da hilft weiterblättern. Denn früher war, zumindest der Jungen Freiheit zufolge, alles besser, so am 2. September 1870. Seite 19, unter der Rubrik »Wissen«, wird Deutschlands vergessener Feiertag heraufbeschworen: »Der Sieg bei Sedan.«

DIE NPD AM KIOSK

Anfang Januar entdecke ich am Bahnhofskiosk die »Deutsche Stimme«, die angeblich schon im 44. Jahrgang erscheint. Für 6,50 Euro erhalte ich ein circa sechzig Seiten starkes Heft. Für weitere 13,50 Euro könnte ich mir, der Anzeige auf Seite zwei folgend, dann auch noch den »Taschenkalender des nationalen Widerstands« beim Verlag Deutsche Stimme bestellen.

Der Verlag residiert in Riesa. Mitten in Sachsen.

Die **Deutsche Stimme** ist das offizielle Parteiorgan der NPD. Sie erschien zeitweise in Stuttgart, zog 1997 nach Sinning bei Neuburg an der Donau, wo sich eine »Sinninger Initiative gegen Rechts« formierte. Sie rechnet es sich als Verdienst zu, dass die Redaktion 2000 nach Riesa umzog. Ihr Chefredakteur gab die wöchentliche Auflage mit 20.000 Exemplaren an, gleichwohl stellte das Blatt im April 2020 auf monatliches Erscheinen um. Der jeweilige NPD-Vorsitzende schreibt eine eigene Kolumne im Blatt, Autoren sind führende Parteikader. Partei- und damit Blattlinie entsprechen dem »völkischen Kollektivismus«, was von Historikern als Nachfolge-Ideologie des Nationalsozialismus bewertet wird. Im Juni 2005 wurde bekannt, dass die Deutsche Stimme zeitweise in Polen gedruckt wurde.[64] Eigentümer des Verlags ist die NDP.

Auf Seite sieben blickt die DS auf ein wirtschaftlich erfolgreiches Jahr zurück. In Zahlen sind 600 Neu-Abonnenten nicht wirklich viel, prozentual aber ist dies ein beeindruckender Sprung bei einer Gesamtzahl von weniger als 2.500 zahlenden Abonnenten. Dazu kommt die DS im Netz und DS-TV. Und dort blickt Chefredakteur Peter Schreiber zuversichtlich nach vorne:

»Ich kann jetzt sagen, 2020 ist unser Jahr gewesen, und ich blicke mit einer gewissen Zuversicht auch auf das folgende Jahr, weil ich glaube, dass uns dort der Durchbruch gelingen kann.« 8.000 Abonnenten sind nicht viel, aber wenn Neonazis vom Durchbruch reden, ist es dennoch beängstigend, vor allem weil sich die Texte nicht wesentlich von vielen anderen neu-rechten Medien unterscheiden.[65]

Fast die Hälfte des gedruckten Heftes befasst sich mit dem Titelthema »Der Angriff – Islamterror bedroht Europa«. Der ungeheuerlichste Satz findet sich auf Seite 24, er stammt von dem französischen Rechtsintellektuellen Alain de Benoist: »Wenn man Schluss machen will mit den schönen Phrasen, den Gebeten und den Schweigeminuten, den Blumen und den Kerzen, muss die Politik aufhören, dem Recht zu unterliegen.« [66]

FK: Die NPD wurde letztlich nicht verboten, weil sie zwar verfassungsfeindlich ist, jedoch nicht hinreichend groß und wichtig. Doch ein Satz wie »Die Politik muss nicht mehr dem Recht gehorchen« – Hans, das ist doch noch mal etwas Besonderes?

HD: Blankes Entsetzen. Das kommt erst einmal unscheinbar daher, ist aber die Forderung nach dem Ende des Rechtsstaats. Noch ist bei mir der Abstumpfungsprozess nicht so weit fortgeschritten, dass ich nicht sensibel wäre für solche Aussagen. Viel zu oft ertappe ich mich beim Schulterzucken, weil ich so überhäuft bin mit solchen Aussagen, das kann ich leider nicht anders formulieren. Aber gerade beim Thema Terror wird es hochgefährlich. Alles, was ich hier dazu lesen musste, ist furchtbar und muss mit allen Mitteln, die dem Rechtsstaat zur Verfügung stehen, bekämpft werden.

FK: Du kennst den rechten Generalbass von der »Einschränkung der Meinungsfreiheit« und die oft funkelnde Freude rechter Publizistik, wenn sie sich als »verfolgt« und »unterdrückt« darstellen kann?

HD: Ja, und ich bin mir sicher, dass wir Kritik aushalten müssen, als Gemeinwesen, natürlich auch als Staat. Wir reden aber speziell bei dem oben angesprochenen Text nicht von einer Meinungsäußerung am Rande des demokratischen Spektrums, die eine Gesellschaft aushalten muss. Wir reden hier eindeutig von einem Aufruf zum Umsturz.

> Ich bin in den vergangenen Monaten immer wieder über diverse Empfehlungssysteme innerhalb der Anderswelt erschreckend schnell am extrem rechten Rand angelangt. Diese menschenfeindliche, distanzlose Gleichsetzung von Flucht, Migration, Islam und Islamismus radikalisiert. Wer ständig in solchen Umfeldern Information sucht, bekommt ein völlig realitätsfremdes Weltbild. Hier wird Hass gesät.

In diesem Heft der Deutschen Stimme findet sich dann ein paar Seiten weiter noch der blanke Antisemitismus: »Corona lässt die Kasse klingeln: eine bestimmte Gruppe gehört wieder einmal zu den finanziellen Profiteuren.« Dem Artikel zufolge haben 240.000 jüdische NS-Opfer einen Anspruch auf die deutschen »Corona-Sofortmittel«. Weiter, schreibt DS, »werden die deutschen Zahlungen für die Sozialhilfe für Holocaust-Überlebende um über 30 Millionen erhöht«.

Homecare-Programm

Im Oktober 2020 vereinbarten das Bundesfinanzministerium und die Jewish Claims Conference, das »Homecare-Programm« für Holocaust-Überlebende wegen der Pandemie »um 30 Millionen auf insgesamt 554 Millionen Euro aufzustocken«. »Weltweit können nun 240.000 Berechtigte einen entsprechenden Antrag … stellen.« Die Tagesschau ergänzt: »Von 400.000 Überlebenden weltweit leben 40 % unter der Armutsgrenze ihres jeweiligen Aufenthaltsortes.«

Alles sei der »großzügigen Merkel-Regierung« anzulasten. »Kritische Beobachter stellen die berechtigte Frage, wie lange Deutschland noch Wiedergutmachungszahlungen leisten muss.« Der Schlusssatz ist glasklar und doch so trübe.

MIGRANTEN WERDEN NUR NEGATIV DARGESTELLT

Nirgends in der Anderswelt habe ich eine positive Geschichte im Zusammenhang mit den Themenfeldern Flucht, Migration oder Asyl gefunden. Flüchtlinge, Asylsuchende, Migranten werden in allen gelesenen Texten, gesehenen Videos als Gefahr für die Sicherheit, für die Zukunft der westlichen Welt beschrieben. Themen, die gerade mal für die Lokalpresse taugen, bekommen bundesweite Bedeutung, wenn sie denn in das Meinungsbild passen. Der Rückblick in den Dezember, ein Beispiel von vielen:

Das Foto auf der Website der Jungen Freiheit vom 15. Dezember wirkt auf den ersten Blick eher harmlos. Graue, kalte Atmosphäre. Im Vordergrund zwei silbergrau-blaue Polizeitransporter, im Hintergrund ein lang gestrecktes fünfstöckiges Wohngebäude. Der Text ist dann eine eher platte, sachlich trockene Darstellung. Wir sind im thüringischen Suhl. [67] Was hier passiert, ist mit hoher Wahrscheinlichkeit auch präzise beschrieben: »Am Montag gingen demnach 30 bis 40 Asylbewerber die Bediensteten an, weil sie auf der Quarantänestation verbleiben mussten. Das Personal hat sich zum Schutz vor der aufgebrachten Menge in einen Raum eingeschlossen. Der alarmierten Polizei sei es gelungen, die Asylbewerber zurückzudrängen und die Bediensteten zu befreien.« So der Sachverhalt und ohne jeden Zweifel ein Thema für die Regionalpresse. Hier auf der Website einer überregionalen Wochenzeitung hat dieses lokale Ereignis eigentlich keine Berechtigung, außer die Verantwortlichen wollen mehr. Und dieses mehr zeigt sich deutlich, wenn man die Kommentare dazu liest. Günter Johannsen sagt: »Ohne Zögern ausweisen ... Hier muss ein deutliches Zeichen gesetzt werden, sonst wird bald das Personal durch Messerattacke dezimiert.« Bärbel (kein Nachname) sagt: »Wunderbare ›Merkelwelt‹, die alles und jeden schützen will, nur nicht die Wahrheit oder gar das eigene Volk.« Christian Heinrich sagt: »Wir werden es alle noch erleben. Wer halb Kalkutta bei sich aufnimmt, wird selbst bald zu Kalkutta.« Bernd1 (ohne Nachnamen): »Wenn die AfD aktiver wäre, dann käme sie in Suhl und Umgebung auf 50%.« Und schließlich Kremhild55 (auch ohne Nachnamen): »Die HOLEN das Zeug ja noch her, da macht Corona gar nichts aus!!!!«

Das alles lässt sich argumentativ relativ problemlos widerlegen, zeigt aber doch das tiefe Misstrauen, die tiefe Ablehnung, die entsteht, wenn selbst lokale Ereignisse zu nationalen Schlagzeilen befördert werden, weil sie eben dieses Misstrauen, diese Ablehnung bestätigen. Doch die immer wiederholte Melodie brennt sich wie ein Ohrwurm ein. Sie hinterlässt wahrscheinlich bei jedem Zweifel und Spuren.

Und noch einmal ein Foto, diesmal aus dem September: eine aufgebrachte Menge, dunkelhäutige Menschen, erhobene Hände mit leeren Wasserflaschen, handgemalte Pappschilder. »Deutschland, bitte helfen.« Es ist offensichtlich eine Protestdemo, von wann das Bild stammt, ist nicht ersichtlich.

Die Unterzeile: »Der Protest der Brandstifter des Lagers Moria hat sich gelohnt: Deutschland hilft.« [68]

Moria

Am 21. September 2020 meldet die griechische Nachrichtenagentur ANA-MPA, vier Männer und zwei Minderjährige seien wegen Brandstiftung im Zusammenhang mit dem Moria-Brand in Untersuchungshaft genommen worden. Die vier 19-jährigen und zwei 17-jährigen Afghanen bestreiten ihre Schuld: Ein afghanischer Landsmann habe sie der Brandstiftung bezichtigt, da sie einem verfeindeten Stamm angehören. [69]

Der Titel des Artikels bei Politically Incorrect: »Willkommen in Deutschland, ihr Brandstifter von Moria!« Autor »LEO« spricht dann die Protestierenden direkt an: »Macht euch keine Sorgen, in ein paar Tagen seid ihr alle hier ... Ihr braucht für eure Einreise nach Deutschland keine Pässe, aber das wisst ihr ja schon ... Ihr könnt auch sonst alle möglichen Lügengeschichten erzählen, ihr könnt sogar Mörder oder Diebe sein, oder ihr wart Folterknechte unter dem islamischen Staat und habt Menschen die Fingernägel mit der Zange abgezogen ..., das alles stört die deutsche Regierung überhaupt nicht.« Und dann verspricht »LEO«: »Deutschland ist tatsächlich das Paradies. Geld bekommt ihr von der deutschen Regierung einfach so, zu arbeiten braucht ihr dafür nichts. Ihr könnt den ganzen Tag auf dem Sofa fläzen und arabische Sender wie Al Jazeera schauen, trotzdem ist jeden Monat immer neues Geld pünktlich auf eurem Konto, wie von Zauberhand. Klingt paradiesisch, oder? Das ist so aber wirklich wahr.«

Man kann es kaum anders formulieren: Da kotzt einer, der anscheinend nicht mal einen Nachnamen hat, seinen Fremdenhass ins Internet. »Brandstifter hin oder her, den Deutschen ist das egal. Heute zündet ihr Zelte in Moria an und morgen vielleicht Wohnungen in Hamburg, Übung habt ihr ja schon, und übermorgen – wer weiß, was sonst noch alles brennen wird in Deutschland.«

Moria

Im September 2020 einigen sich Politiker der Großen Koalition darauf, 1.553 Menschen aus 408 Familien und 150 unbegleitete Minderjährige aus Moria in Deutschland aufzunehmen. Durch die Brandstiftung waren 12.500 Personen obdachlos geworden.

Und direkt hinter diesen knapp zweihundert hasserfüllten Zeilen dann der Hinweis auf eine Petition der gedanklich verwandten Jungen Freiheit. »Eine Petition der Jungen Freiheit lehnt eine Aufnahme aller Flüchtlinge aus Moria ab und fordert stattdessen Hilfe vor Ort.« Durch eine Übernahme der Migranten aus Moria würde das Signal ausgesendet, dass es sich auszahle, Lager in Brand zu stecken. Die Zerstörung von Camps dürfte nicht zum Freifahrtschein nach Deutschland werden. Die Petition wurde nach Eigenangaben der Jungen Freiheit bis Ende Januar knapp 25.000 Mal unterschrieben. [70]

Und daneben wieder einmal die Anzeige des schon einmal erwähnten Braukellers, dem Versprechen deutscher Gemütlichkeit bei Bier und Spanferkel.

> FK: Als Nachrichtenmacher, wie siehst du diese Form von Berichterstattung?
>
> HD: Berichterstattung ist einfach der falsche Ausdruck. Hier geht es ausschließlich um das Schüren von Vorurteilen. Es gibt den etwas komplizierten Begriff der »asymmetrischen Behandlung von Delikten«. Gemeint ist damit eine angebliche Ungleichbehandlung von Gewalttaten, ob sie von Migranten oder von Deutschen ausgeführt wurden. Die intellektuelle Formulierung der Disbalance trifft im Kern weitverbreitetes Denken. Befeuert wird dieses Denken in all den von mir verfolgten Medien eben durch eine, einfacher formuliert, Einseitigkeit der Darstellung.

FK: Was macht das mit einem, wenn man dies dauernd liest?

HD: Es ist wieder einmal einer der Momente, in denen ich mich frage, was ich mir hier antue. Bei mir löst diese Art von Texten mittlerweile körperliche Reaktionen aus. Nicht das sprichwörtliche Bauchweh, sondern ernsthafte Magenschmerzen.

Präzise Informationen, wer wann wo den Brand gelegt hat, habe ich in der Anderswelt über fünf Monate hinweg nirgends gefunden, trotz intensiver Suche. Dafür habe ich immer wieder in unterschiedlichen Schattierungen dieselbe Geschichte gelesen: Brandstiftung dürfe nicht belohnt werden. Bei etwas Nachdenken bedeutet das, Tausende von Flüchtlingen, die unter elenden Umständen in Moria leben und jetzt nicht mal mehr ein Zeltdach über dem Kopf haben, werden in Sippenhaft genommen.

DER STURM AUFS KAPITOL WIRD GESCHRUMPFT

Es ist jetzt Donnerstag, der 7. Januar, 9:00 Uhr vormittags. Offen gestanden hatte ich gehofft, die Amtsübergabe in den Vereinigten Staaten würde mehr oder weniger reibungslos ablaufen, aber ich habe mich getäuscht:

> **Proteste von Trump-Anhängern**
> enden im Chaos, fasst dpa zusammen: »Proteste von Anhängern des abgewählten US-Präsidenten arten in Gewalt aus.« Fünf Menschen sterben bei der gewaltsamen Erstürmung des Kapitols, dem Sitz beider Kammern des US-Parlaments, durch gewalttätige Anhänger des US-Präsidenten.

> Trump war vorher in der Nähe des Kapitols aufgetreten und hatte die Demonstranten aufgefordert, sich den Diebstahl der Wahl nicht gefallen zu lassen und zum Kapitol zu ziehen. Die Livebilder eines gewalttätigen Mobs, der das Gebäude stürmt, Fenster einschlägt, Büros besetzt und Polizei und Politiker bedroht, halten die Welt in Atem. »Nachdem zahlreiche Politiker«, so dpa wörtlich, »eindringlich an Trump appellierten, den Gewaltausbruch zu stoppen, veröffentlichte der Präsident auf Twitter eine Videobotschaft, in der er seine Anhänger aufrief, abzuziehen.« Erst fünf Stunden später wird die Lage wieder unter Kontrolle sein.

Bei Compact bisher kein Wort dazu, auch nicht bei den MMnews von Michael Mross oder auf KenFM. Politically Incorrect hat einen eher lokalen Aufmacher geschaltet: »Video: Polizeikontrolle während der nächtlichen Ausgangssperre in Bayern«, darunter: »Kopftuchverbot für Berliner Lehrerinnen soll fallen«, aber auch: »Breaking: Trump-Unterstützer stürmen Kapitol in Washington.« [71] Junge Freiheit berichtet eher klar: »Anhänger stürmen Kapitol: Trumps eigenes Kabinett erwägt seine Absetzung.« [72] Tichys Einblick macht auf mit Max Ottes Rücktritt als Vorsitzender des Kuratoriums, das für die AfD eine Parteistiftung aufbauen soll. Eher kleinlaut dann im Mittelteil: »Trumps unwürdiger Abgang«. [73]

Was da zu lesen steht, ist zwar nicht falsch, aber ein völlig anderer Blick auf die Ereignisse des gestrigen Tages. Der Artikel von Politically Incorrect beginnt mit der roten Schrifteinblendung »Wieder Schiebung und Betrug in Georgia?«. Die Berichterstattung reißt schon am gestrigen Mittwoch um acht Uhr deutscher Zeit ab: »Massen von Patrioten haben das Kapitol gestürmt.«

Die Junge Freiheit ordnet den Tweet des US-Präsidenten vom

frühen Abend dann Anderswelt-typisch ein: »Trump rief seine Anhänger auf, friedlich zu bleiben«, und zitiert ihn dann: »Dies sind die Dinge und Ereignisse, die passieren, wenn ein unantastbarer Erdrutsch-Wahlsieg so kurzerhand und bösartig von großartigen Patrioten weggenommen wird, die so lange schlecht und unfair behandelt wurden.«

An dieser Stelle meines Anderswelt-Tagebuchs muss ich einflechten, dass ich nach der intensiven Lektüre sehr vieler dieser Alternativ-Medientexte gerade bei der so klar und seriös auftretenden Jungen Freiheit immer wieder in Gefahr gerate, einfach mal beim Gelesenen zustimmend zu nicken. Hier haben sich in diesen jetzt gut fünf Monaten bei mir anscheinend Beurteilungsmaßstäbe verschoben. Auf den Boden holen mich immer wieder die Bösartigkeit und der arrogante Zynismus vieler anderer. Der eher sachliche Ton der Jungen Freiheit und die eher unterschwelligen Botschaften dagegen verführen immer wieder zum Nichtgenau-Hinsehen. Und dieses Trump-Zitat ist dafür ein gutes Beispiel. Beim zweiten Mal Lesen wird erst die ungeheuerliche Wucht dieser präsidialen Lüge deutlich. Damit konterkariert Trump seine eigene Aufforderung, friedlich zu bleiben, und legitimiert zumindest indirekt Protest und Gewalt.

Und auch bei Tichys Einblick werden die Grenzen verschoben. Der Autor Rainer Zitelmann bürgt anscheinend für Sachverstand, weil er zwei Doktortitel trägt und »Historiker, Politikwissenschaftler und Soziologe und zugleich ein erfolgreicher Investor« ist, so wird er vorgestellt. [74]

Rainer Zitelmann

begann seinen politischen Werdegang als maoistischer Schüler, der in seinem Studium der Geschichte und Politik zum Marxismus fand. [75] Seine Beiträge zum Nationalsozialismus und Nationalismus wurden als vorurteilslos und kenntnisreich gelobt, teils jedoch auch einem neurechten Spektrum zugeordnet. [76] Seine Doktorwürde erlangte er mit der Arbeit »Hitler. Selbstverständnis eines Revolutionärs«. [77] Zitelmanns Einstieg in den Journalismus war seine Tätigkeit bei der Welt, wo er das Ressort »Geistige Welt« leitete. [78] Gemeinsam mit anderen »Nationalliberalen« versuchte Zitelmann in den 90ern, Einfluss auf die FDP zu gewinnen. [79] Später zog es ihn immer mehr in das rechte Spektrum. Neben seiner Autorentätigkeit auf neurechten Plattformen hat Zitelmann laut Eigenbeschreibung 24 Bücher veröffentlicht. Darunter politische Bücher, die dem Nationalliberalismus zugerechnet werden können, aber auch Coaching-Bücher zu den Themen Immobilien, Bodybuilding und Investments. [80]

Auch Zitelmann schrumpft das Großereignis vor und im Kapitol und sorgt sich eher um das Trump-Bild in den Geschichtsbüchern: Er fasst zusammen, dass Trump sich mit seinem Abgang selbst geschadet habe, und das am Ende einer überaus erfolgreichen Amtszeit. Zitelmann schwärmt von Trumps Wirtschaftspolitik, von der haben »keineswegs nur die Reichen profitiert«. Auch seine Corona-Politik könne er sich als Erfolg zurechnen.

> Laut **Statista.com** starben in den Vereinigten Staaten inklusive des 6. Januar 353.483 Menschen an Corona, 20,812 Millionen sind infiziert. [81]

Zitelmann wörtlich: »Seine Äußerungen«, gemeint ist Donald Trump, »zu Corona waren teilweise grotesk und lächerlich, aber immerhin hat er – anders als die Europäer – rechtzeitig genug

Impfstoff bestellt und das Unternehmen Moderna gefördert. So sind die Amerikaner, über die die Europäer noch vor Monaten den Kopf schüttelten, heute den Europäern beim Impfen voraus.« Dies könne er sich ebenso zurechnen wie die Reduzierung der illegalen Zuwanderung. »Aber mit seinem Verhalten nach der Wahlniederlage hat er dafür gesorgt, dass all dies nicht in den Köpfen bleiben wird.« [82]

Wirklich bitter wird es dann beim Zurückscrollen auf Compact-online: Ein Schwarz-Weiß-Foto sticht als Erstes ins Auge. Harte Kontraste, schwarzer Hintergrund. Eine Wehrmachts-Uniform mit hochgeschlossenem Kragen. Ein Mann mit ernstem, Angst einflößendem Blick, leichter Bartschatten. Die Assoziation, die das Bild nicht nur bei mir auslöst, ist mit Sicherheit beabsichtigt. So ließen sich führende Nazis fotografieren. Laut Lexikon der Wehrmacht zeigen die Kragenspiegel den Dienstgrad. [83] Anstelle des Eichenlaubs findet sich das Facebook-Logo. Der Mann, den die Fotomontage zeigt, ist Bundesaußenminister Heiko Maas. [84] Ihm wird heute auf Compact das Zitat des Tages zugesprochen: »Die Feinde der Demokratie werden sich über diese unfassbaren Bilder aus #Washington D.C. freuen. Aus aufrührerischen Worten werden gewaltsame Taten – auf den Stufen des Reichstags, und jetzt im Kapitol. Die Verachtung demokratischer Institutionen hat verheerende Auswirkungen.« Hat Heiko Maas heute getwittert.

Die Replik von Compact-Chefredakteur Jürgen Elsässer findet sich gleich unter dem Maas-Zitat. »Das war kein Putsch, und es war kein Mob, wie die Lügenmedien heute schreiben. Es waren ›großartige Patrioten‹ (Trump über die Kapitolbesetzer), die sich in höchster Not nicht anders zu helfen wussten, als durch eine spektakuläre Aktion den Durchmarsch des Tiefen Staates noch zu verhindern.« [85]

Neben der Fotomontage mit Heiko Maas findet sich ein weiteres Schwarzweiß-Foto. Diesmal zeigt es, offensichtlich mit einem leichten Weichzeichner bearbeitet, einen nachdenklichen Mann mit Zigarette. Jürgen Elsässers Bildunterschrift: »Washington: Die Revolution zur Rettung der Demokratie ist gescheitert.« Ich muss mich zwingen, den Text anzuklicken: Elsässer unterteilt seinen Text in »fünf Anmerkungen«. Es sei erstens kein Putsch gewesen, schreibt er, zweitens sei die Besetzung des Kapitols als »durchaus friedliche Aktion« zu bezeichnen. Außerdem könnte die Erstürmung eines Parlaments durchaus klappen. Hier verweist er auf den serbischen Umsturz 2000, bei dem Bulldozer eingesetzt wurden und das Parlamentsgebäude brannte.

Dann die 4. Anmerkung: »Eine Revolution kann nur Erfolg haben, wenn sie organisiert ist. Ein Happening wie gestern, das klappt nie.« In diesem Absatz wird's dann gleichermaßen abenteuerlich, verschwurbelt und bedrohlich: »Entscheidender Grund für das Chaos unter den Patrioten war das Mantra von Q: ›Trust the plan – vertraue dem Plan.‹«

Q,

der hier von Elsässer zitiert wird, ist der geheimnisvolle Einflüsterer hinter der nach ihm benannten QAnon-Bewegung. In der Sprache des US-Geheimdienstes steht »Q« für die höchste Geheimhaltungsstufe, höher noch als das bekannte »Top Secret«. Der Legende der Anhänger der Bewegung nach ist Q ein aktiver oder ehemaliger hochrangiger CIA-Mitarbeiter, der in Botschaften über diverse Internetkanäle sein Wissen mit ihnen teilt. Laut Deutschlandfunk war ein anonymer Internet-Beitrag bei »4chan« im Jahr 2017 die Initialzündung der Bewegung, die behauptet, die USA würden von einer kriminellen Organisation beherrscht. Zu ihren erklärten Feindbildern gehören Barack Obama, Bill und Hillary Clinton und der Milliardär George Soros. [86, 87]

Elsässer weiter: »Damit wurde Millionen aufrechter Kämpfer suggeriert, Trump habe einen Plan, man könne sich zurücklehnen und abwarten oder allenfalls mit Remmidemmi ein bisschen nachhelfen. So kam ja auch das Reichstagsstürmchen am 29. August zustande. Die Demonstranten glaubten anscheinend wirklich, Trump sei in Berlin und warte nur darauf, dass sie den Reichstag besetzen, dann würde der Messias schon alles Weitere erledigen.« [88] Unter 5. schließlich fasst Elsässer zusammen: »Mit dem gestrigen Tag ist die letzte Welle des patriotischen Aufbruchs in der westlichen Welt [...] gebrochen.« Ihm zufolge sind Salvini und Strache abserviert, Nigel Farage ein Verräter und die ganzen rechtspopulistischen Parteien »inklusive der AfD« am Ende. Er summiert: »Das neue Konzept des Widerstands hat sich mit den Querdenkern bereits in Umrissen gezeigt.« Und weiter: »Dies ist eine globale Front, die jedoch – hier bleibt der patriotische Ansatz wichtig – nur in Kämpfen auf nationalstaatlicher Ebene gewonnen werden kann.«

Compact wird seit dem März des vergangenen Jahres als Verdachtsfall vom Verfassungsschutz gelistet. [89] Laut Bundesverfassungsschutzgesetz werden unter Verdachtsfällen »Organisationen erfasst, die nicht eindeutig extremistisch sind, bei denen aber hinreichend ›tatsächliche Anhaltspunkte‹ für den Verdacht extremistischer Bestrebungen vorliegen« [90].

DIE LETZTEN TAGE IN DER ANDERSWELT

16. Januar: Die Tage bis zum Ende dieser Beobachtung sind gezählt. Heute findet eines der wichtigsten innenpolitischen Ereignisse dieses Jahres statt. Die Wahl des neuen CDU-Vorsitzenden. Eine Personen-, aber auch eine Richtungswahl. Immerhin geht es um die Nachfolge von Angela Merkel, und in Perspektive auch um die Kanzlerkanditatur. Davon war in den letzten Wochen schon kaum zu lesen, und auch die letzten Tage über brauchte es eine längere Suche. Bei Tichys Einblick schließlich findet sich ein Interview mit der konservativen Brandenburger CDU-Bundestagsabgeordneten Jana Schimke, die sich klar für einen »Weg-von-Merkel«-Kurs und für Friedrich Merz ausspricht. [91]

Die Berichterstattung am Wahltag ist dann gemessen an den Absurditäten der letzten Monate halbwegs sachlich, wenn auch erkennbar ist, dass Armin Laschet in den alternativen Medien nicht der Wunschkandidat war. Nur Compact-Chef Elsässer will wieder einmal alles gewusst haben, schon vor zwei Jahren, und verweist auf sein Editorial vom Dezember 2018: »Merz, der Blender.« [92] Es ist nicht so sehr spannend zu sehen, was, sondern wie wenig berichtet wird. Es gibt anscheinend wichtigere Themen für Autoren und Leserschaft.

Und dann legt Elsässer tags darauf nochmals nach. Um 9:26 Uhr ist der Compact-Newsletter bei mir im E-Mail-Postfach: »Der Lascheste hat die Wahl gewonnen.« Es sind jetzt sicherlich zwischen ein- und zweitausend Texte, die ich in den vergangenen Monaten gelesen habe. Eigentlich kann ich mir keine Steigerung, Vergröberung, Eskalation mehr vorstellen. Doch Elsässer gelingt es. Das folgende Zitat ist selbst in der konstant agressiv-beleidigenden Wortwahl der meisten Alternativ-Medien, ja, außergewöhnlich: »Laschet führt die Verschwulung der CDU weiter. Eine Partei, die wirklich für alles offen ist und nur den Arsch an die Heizung bekommen will, auf Kosten des Volkes natürlich.« Und er verwehrt sich, so Elsässer einen Absatz weiter, »gegen das Weibische und Teigige, das der Kleinwüchsige ausdünstet wie einen Furz«.[93] Gemeint ist Armin Laschet.

Es ist der 20. Januar, es sind die letzten Tage meiner Nachrichtenquarantäne, und ich erlaube mir CNN. Gerade singt Lady Gaga die Nationalhymne auf CNN. Parallel versuche ich an Informationen zu kommen auf Tichys Einblick, Junge Freiheit und den anderen Seiten. Wütende Aufschreie und Kommentare zur Corona-Politik der Bundesregierung. Und heute wie in den nächsten Tagen lassen sich neben wohlwollenden Rückblicken auf Trump vor allem Texte gegen den neuen Präsidenten finden. »Biden spricht von Vereinigung, während Parteifreunde zum innerstaatlichen Krieg aufrufen«[94], titelt zum Beispiel Tichys Einblick. Es ist wie so oft in der Anderswelt: Meldungen vom Rand des Nachrichtenfeldes werden so aufgeblasen, dass sie zur völligen Umkehr dessen werden, was der Mainstream berichtet.

Für mich endet jetzt Ende Januar meine Zeit in der Anderswelt. Ein letzter Blick: Bei YouTube lasse ich die »Forgotten German Panzers in Bulgaria« liegen, ebenso »Hitlers Pilot«. Auch einen gewissen Dr. Gottfried Curio, der mir bisher noch nicht untergekommen ist.

Dr. Gottfried Curio
gehört seit 2017 dem Deutschen Bundestag für die AfD an. Er ist Diplom-Mathematiker, schloss daneben ein Hochschulstudium in Komposition und Kirchenmusik ab. Im Berliner Abgeordnetenhaus und im Bundestag fiel er auf, weil mehrere seiner islamfeindlichen Zitate in einen Bericht des

Bundesamtes für Verfassungsschutz eingingen, der »Anhaltspunkte für eine gegen die freiheitlich-demokratische Grundordnung ausgerichtete Politik der AfD« auflistete.

Er würde die »große Abrechnung« anbieten. Sein Opfer ist der frisch gewählte CDU-Vorsitzende: »Armin Laschet entlarvt. Wer ist er wirklich? Die dunkle Vergangenheit!« [95] – so ist das Video betitelt. 170.000 Abrufe in zwei Tagen. Von hier aus komme ich über KenFM zu Liberty TV, einem Web-TV-Angebot, von dem ich heute zum ersten Mal lese. Und ich entschließe mich zu einem letzten Kraftakt. 1 Stunde, 46 Minuten, 35 Sekunden. [96] Mein letztes Abenteuer in der Anderswelt.

Erst einmal lerne ich Rudy kennen. 1 Minute, 45 Sekunden Werbung. Rudy steht mittig im Bild, er ist um die fünfzig, langer grauer Bart, breiter Oberkörper, den rechten Arm voller Tattoos. Typ Holzfäller oder Kapitolstürmer. Rudy beherrscht den bösen Blick. Dafür ist er nicht sehr gesprächig. Genau genommen sagt er nur zwei Worte: Swat Pants. Das sind die Hosen, die er in diesem fast zwei Minuten langen Clip trägt. Neun Taschen, wasserdicht, mit Karabinerhaken, wofür eigentlich? Rudy war, so der Sprecher, mit dieser Hose schon auf dem Kilimandscharo. Doch die Hose taugt auch für die Stadt, wie ich weiter von der Stimme aus dem Off erfahre. Jedem, der die Bilder vom Angriff auf das Kapitol gesehen hat, schießt eine einfache Assoziation durch den Kopf: Diese Buchse wäre auch für den Straßenkampf tauglich.

Und dann kommt Anselm Lenz. Der Theatermacher, Journalist, schließlich Querdenker und nun Gesprächspartner eines Videojournalisten namens Max Kittan, offensichtlich ein Seelenverwandter. Lenz' Interview beginnt mitten im Satz, besteht auch erst einmal aus Satzfetzen und mündet schon nach knapp zwei Minuten in einen neuen Werbespot, in dem »Krisenspezialist Jim

Rickards« erklärt, wie Vermögen vor der großen Depression geschützt werden kann. Der Typ mit der Halbglatze und dem schlecht sitzenden Sakko stellt sich vor als ehemaliger CIA-Berater, der eine geheime Papierrolle hochhält. »Sie wissen, die Börsen sind gecrasht und die Wirtschaft befindet sich auf dem Tiefpunkt.«

> Der **deutsche Aktienindex** steht am 21. Januar bei 13.980 Punkten, knapp unterhalb des bisherigen Allzeithochs. [97]

Er verspricht vier Maßnahmen, wie »Sie sich und Ihren Wohlstand vor dieser unfassbaren Katastrophe schützen können«. Er ist sicher, »wir stehen vor der größten Depression der Geschichte«.[98] Die Länge dieses Werbespots: 55 (!) Minuten. Angeblich bereitet sich das US-Militär schon auf Auseinandersetzungen wegen Lebensmittelknappheit in den Vereinigten Staaten vor. Rickards wörtlich: »Als ehemaliger Berater des (sic!) CIA und des Pentagons kann ich nicht alle Fakten ignorieren und so tun, als wären die Gefahren irreal.« Und ich stelle mir hoffentlich zum letzten Mal die Frage, wo ich da hingeraten bin. Was Rickards an Zitaten, Daten und Fakten aufruft, ist für niemandem im Detail verständlich und schon gar nicht nachrecherchierbar. Am ehesten geht dies noch bei reinen Zahlen. Rickards spricht von aktuell 40 Millionen Arbeitslosen und dem Risiko, dass weitere 80 Millionen Arbeitsplätze gefährdet seien. Der letzte Check von Friedrich Küppersbusch.

> **US-Arbeitsmarkt**
> In den Vereinigten Staaten gibt es etwa 260 Millionen Menschen auf dem Arbeitsmarkt. Die Zahlen für Dezember[99] sprechen von einer Arbeitslosenquote von 6,7 Prozent, also etwa 17 Millionen Arbeitslosen. Die an die Wand gemalten

120 Millionen Arbeitslose würden eine Arbeitslosenquote von fast 50 Prozent bedeuten.

James Rickards
ist ein US-amerikanischer Jurist, Banker, politischer Berater und Publizist. Er schrieb Bestseller wie »The Road to Ruin«, »The Death of Money« und »The New Great Depression«. Seinen Veröffentlichungen gemein ist die durchgehende Vorhersage bevorstehender Finanz-, Währungs- und Wirtschaftskatastrophen.

Die Folge laut Rickards sind massenhaft Pleiten. Seine persönliche Aufarbeitung von bekannten Fakten und düsteren Voraussagen ist erschreckend. Ein Zitat nach dem anderen, alle aus dem Zusammenhang gerissen, alle negativ. Viele der Vorhersagen sind nicht von der Hand zu weisen, wie die Hinweise auf Schwierigkeiten der Tourismusindustrie, der Fluggesellschaften oder auch der Kommunen. Sie sind per se ja auch richtig, werden aber in ein düsteres Szenario ohne Ausweg eingewoben. Es ist das Schema, das in all diesen Publikationen immer und immer wiederkehrt. Hart am Rande der Wahrheit, mit normalem Menschenverstand nicht recherchier- oder widerlegbar und ausschließlich in eine Richtung argumentiert.

Der Rat des Finanzexperten: Kaufen Sie Vorräte für drei Monate, »Wasser, Grundnahrungsmittel und Toilettenartikel«.[100] Dann wird empfohlen, 1. Gold zu kaufen, 2. Crash-Kontrakte abzuschließen 3. Tickende Zeitbomben aus dem Depot entfernen – welche das sind, wird nur gegen Herausgabe der E-Mail-Adresse genannt. Und 4. fünf krisensichere Aktien, zum Beispiel Hershey's Schokolade.

Zurück zu Lenz, dunkler Pullover mit V-Ausschnitt, Krawatte.

Anfang 2020 war er noch nach eigenen Angaben »fester Freier bei der taz«. Jetzt ist er Herausgeber der schon erwähnten Wochenzeitung »Demokratischer Widerstand«. Nach eigenen Angaben die erfolgreichste Zeitung Deutschlands. Belege gibt es dafür keine, doch die finden sich genauso wenig bei allen anderen seiner Themen und Thesen.

Dafür gibt es zwei Stunden Dauerfeuer: Lenz zielt auf Polizei, Bundesregierung, Zeitungen, öffentlich-rechtliches Fernsehen, das Robert Koch-Institut. Sanfter Ton, eher Schrot als Patronen. Die Themen sind Klimaerwärmung, Rettung der Demokratie, Polizeigewalt und Corona, das harmlose Virus.

Lenz zufolge sind zu den ursprünglichen Corona-»Spezialisten wie Bhakdi und Wodarg Tausende, Zehntausende Virologen und Epidemiologen hinzugekommen, es ist im Grunde die wissenschaftliche Mehrheitsmeinung«. Sein Tipp für die Unterstützung des Immunsystems: Vitamin D3. »Es ist total günstig, und kombiniert mit Magnesium oder einem Glas Milch, Kuhmilch, wenn man das trinkt, wirkt das wahre Wunder, wie man hört.«

Bei Minute 17:30 kommt er zur Klimaerwärmung. Grundsätzlich wird sie erst einmal nicht geleugnet. »Es ist noch die Frage, wo kommen die Gründe her dafür, und ich meine, man müsste der Sache schon nachgehen, die Chance zu suchen, die Klimaerwärmung zu reduzieren oder gar ganz aufzuhalten auch für den Fall, dass sie gar nicht menschengemacht ist und gar nicht aufzuhalten ist, aber wenn es diese Chance gibt, hier keine schlimmen Verwerfungen auf dem Planeten Erde auszulösen, dann sollte man der Sache wissenschaftlich und in aller Ruhe und seriös nachgehen.« Das ist die wörtliche Abschrift dieser Interviewpassage.

Und so kommt er zu dem Schluss, dass uns nach dem Ende der Corona-Diskussion das »Thema Klima präsentiert werden wird«. Es wird aber sehr wenig um »vernünftigen Umweltschutz gehen«, sondern um »die Implementierung eines neuen Herrschaftssystems, das Klaus Schwab mit seinem World Economic Forum und New-Age-Sektierern, im Grunde dem Zentralkomitee der Kapitalisten schon dargelegt hat«.

Die Vergleiche, die Lenz in der nächsten Stunde ziehen wird, sind ohne jedes Maß. Die Reaktionen der Polizei bei den Anti-Corona-Demos seien Terror und vergleichbar dem Vorgehen in Hongkong, Russland oder der Türkei. Die deutschen Journalisten seien Lügner, die dies von sich selbst auch wüssten. Die Gesundheitsämter würden nach einem Putsch das Land regieren. Die Bundesregierung wird von ihm klar und deutlich klassifiziert: »Das Regime«. Es vergehen eine Stunde, 36 Minuten und 18 Sekunden, bis Lenz auf die Frage nach dem Worst-Case-Szenario für das Jahr 2021 antwortet: » Ja, worst case ist natürlich ein Bürgerkrieg mit vielen Toten. und der ist leider vor allem für die USA nicht auszuschließen, aber auch für Europa nicht.«

So endet meine Reise in das Dunkel der deutschen Medienlandschaft, in die Anderswelt.

Resümee

WAS IST DA MIT MIR PASSIERT?

IST DIE ANDERSWELT EINE ALTERNATIVE, VIELLEICHT DIE BESSERE?

Es gab Tage, an denen ich mich mit Widerwillen an den Schreibtisch gequält habe. Aus Angst vor dem Grusel, der mich erwartete. Es gab Tage, da wollte ich nicht mehr aufhören zu lesen und zu beschreiben, weil selbst für einen Viel- und Breitleser wie mich diese Texte und Videos so ungeheuerlich und neu waren. Und es gab Nächte, in denen ich fast rauschhaft durchgeschrieben habe im Glauben, ich müsste jedes Wort, das ich gelesen habe, für die Außenwelt festhalten.

Es gab depressive Phasen und sie waren, zumindest nach meinem laienhaften Verständnis nicht schlechte Stimmung, sondern in der Nähe eines Krankheitsbildes. Ein bisschen hatte ich zu Anfang auch mit der Angst vor dem, was da kommt, kokettiert. Zeitweise hatte sie mich im Griff. Hart und eisig. Vergleichbar vielleicht einer Klettertour. Vorher weiß man um das Risiko. In der Wand schlägt die Angst zu.

Es wird Zeit brauchen, sich von diesen Erfahrungen zu lösen. Mein Misstrauen gegenüber jeder Veröffentlichung, auch den von mir so geschätzten, in der Anderswelt verunglimpften Mainstream-Medien, ist gewachsen. Im Moment hinterfrage ich jeden Satz, den ich lese, traue selbst dem eigenen Text nicht mehr.

Ich weiß um die Schwachstellen dieses Buches, mir ist die ein oder andere Jammerei zwischendurch jetzt beim Nachlesen peinlich. Aber sie ist Teil dieses Selbstversuchs, genau wie die Sprunghaftigkeit vieler Textpassagen, die aber dem Sujet und dem Erleben geschuldet ist. Sie zu glätten würde wahrscheinlich die Idee und die Darstellung des Selbstversuchs zerstören.

Dieses Buch hat Lücken, sie sind eine Folge dieser Form. So fehlt beispielsweise Götz Kubitschek und sein Verlag, seine Zeitschrift Sezession. Ich habe versucht, mich ohne klares Ergebnis- und Rechercheziel vorwärts zu bewegen. Dabei habe ich viel Überraschendes gefunden, selbst Anzeigen für Hundekrawatten. Kubitschek nicht.

Dafür habe ich, wie schon geschrieben, eine Vielzahl von bekannten Namen wiederentdeckt. Im Text habe ich dafür an einer Stelle den Ausdruck Wimmelbild gebraucht. Immer noch bin ich überrascht, wie stark bei einigen Akteuren die Grenzen verschwimmen. Bei ehemaligen Chefredakteuren, die offensichtlich rechtspopulistische Autoren unterstützen. Bei Wirtschaftsgrößen, die den Untergang propagieren, und Wissenschaftlern, die ihr früheres Renommee nutzen, um Verschwörungstheorien im wahrsten Sinne des Wortes unters Volk zu bringen.

Es ist eine Welt mit wenig Licht und noch weniger Hoffnung, diese Anderswelt. Was mich immer wieder bedrückt hat, war die durchgehend dunkle Grundierung.

Fast alles ist schlecht. Corona-Politik falsch, Flüchtlinge böse, Wohlstand gefährdet. Okay: Trump kam meistens ganz gut weg. Am härtesten angefasst wird immer wieder Bundeskanzlerin Angela Merkel. Diese durchgehend negative Konnotation war sicherlich am schwersten zu ertragen. Sie hat andererseits auch meine Gedankenwelt immer wieder stabilisiert, ein Abrutschen verhindert. Was ich immer noch nicht verstehe, ist der oft unverhohlene Hass, die offensichtliche Hetze. Und wie einst gute Journalisten jegliches journalistische Ethos aufgeben konnten. Die zahllosen Beleidigungen. Was mir geholfen hat, war, dafür ein Wort zu finden: destruktiver Journalismus.

Gab es je die Gefahr, abzugleiten, das alles zu glauben? Zeitweise ja. Es gab immer wieder Momente, wo mir nur noch meine Erfahrung und mein Urvertrauen in den Anstand so vieler Journalistenkollegen halfen. Geholfen hat immer und immer das professionelle Gespür für die Plausibilität oder besser Nicht-Plausibilität vieler dieser Storys. Das stimmt doch einfach nicht, ging mir häufig durch den Kopf. Mein Gespür für glaubhaft oder nicht hat mich selten getrogen in meinem Berufsleben, meine technischen Fähigkeiten im Fact-Checking sind hingegen begrenzt und ich habe nur ganz sporadisch um Hilfe gebeten, weil es ja auch nicht die Intention dieses Versuchs war.

Wenn Fakten ins Spiel kommen, was selten genug der Fall ist, dann sind sie einseitig, selten belegt, aber häufig auch nicht auf den ersten Blick widerlegbar. Wer eine hohe Affinität zu dieser Denkwelt, dieser Anderswelt hat, wer dies glauben will, weil es seinen eigenen Meinungskorridor widerspiegelt, sitzt in der Falle.

NACHWORT

VON FRIEDRICH KÜPPERSBUSCH

Während mein Freund Hans – wehrlos wie ein Cabrio in der Waschstraße – die Anderswelt über sich hin gewittern lässt, diskutieren wir ab und an: Sind wir ein Teil der Versuchsanordnung? Die »alternativen Medien« arbeiten mal fadenscheinig, mal klassischem Journalismus zum Verwechseln ähnlich. Doch immer begegnet man einem maximalen Wirkungsgrad. Peter Sloterdijks Vorschlag, die moderne Öffentlichkeit als einen Markt von »Erregungsvorschlägen« zu sehen, erklärt den Modus: Man denke sich die maximal provozierende Behauptung aus und konstruiere dann, Journalismus rückwärts, eine mal plausible, mal fantastische Beweisführung.

Auch darauf verzichtet Attila Hildmann. Am 25. Marz 2021 twittert die inzwischen zuständige Generalstaatsanwaltschaft Berlin, Hildmann halte sich in der Türkei auf; mit der Vollstreckung des Haftbefehls wegen Volksverhetzung, Aufforderung zu Straftaten und Widerstands gegen Vollstreckungsbeamte sei zeitnah nicht zu rechnen. Hildmann bestätigt in einem Re-Tweet.

Am 15. Februar 2021 fordert die Medienanstalt Berlin Brandenburg – MABB – Ken Jebsen als Betreiber des Angebotes »Ken FM.de« auf, vier beispielhaft fragwürdige Beiträge durchzusehen und gegebenenfalls zu korrigieren. Am 26. April 2021 bemängelt die Behörde wiederum schriftlich, weder seien hinreichend Belege für Behauptungen beigebracht noch nachgewiesene Falschbehauptungen korrigiert worden. Jebsen dokumentiert dies auf der inkriminierten Website und beansprucht dafür die Meinungsfreiheit nach Art. 5 GG. Bereits im Anschreiben hatte die MABB dargelegt, der Schutz der Meinungsfreiheit komme für wissentliche Falschaussagen nicht in Betracht. Die Behörde räumt erneut Frist zur Stellungnahme ein und verweist, andernfalls, auf mögliche Beanstandung, Untersagung oder Sperrung.

Spiegel Online und andere Medien melden am 29. 4. 2021, das Bundesamt für Verfassungsschutz habe »den islamfeindlichen Blog PI-News« unter Beobachtung gestellt. Die Seite sei als »erwiesen extremistisch« eingestuft.

Tichys Einblick findet unter dem Titel Tichys Ausblick ab dem 13. 5. 2021 auch im Fernsehen statt. Der Berliner Lokalsender »TV.Berlin« zeigt in der ersten Folge Tichy, Hans-Georg Maaßen und Uwe Steimle, in der zweiten Tichy, Hans-Georg Maaßen und Uwe Steimle. »TV.Berlin«-Chefredakteur Dursun Yigit will »mit dem Format der Stimme der schweigenden Mehrheit ein Forum bieten.« Der Medienjournalist Stefan Niggemeier regte die Umbenennung in »TV.Baku« an, weil nach seiner Recherche häufig Protagonisten und Beiträge aus dem autokratischen Aserbeidschan zu sehen seien. Vice attestierte dem Sender »eine auffällige Nähe zu Aserbeidschan« und ergänzte dies mit einem Hinweis auf »türkische Unternehmer«, die den Sender 2013 vor einer Insolvenz gerettet haben.

Studiogast Maaßen, der frühere Verfassungsschutzpräsident, wird am 30. 4. 2021 von den CDU-Kreisverbänden Schmalkalden-Meiningen, Hildburghausen, Sonneberg und Suhl in Thüringen zum Direktkandidaten für die Bundestagswahl gewählt. Er hatte als vielbeachtete Leitfigur in hier behandelten »alternativen Medien« szenetypische Haltungen und Begriffe wie »Globalisten« und »Neue Weltordnung« zitiert. Dies trug ihm u. a. den Vorwurf des Antisemitismus ein und entzündete eine Debatte bis hin zum

Parteivorsitzenden und Kanzlerkandidaten Armin Laschet: »Mit der AfD wird nicht koaliert, nicht kooperiert, nicht einmal verhandelt.« Er, Laschet, habe »keinen Zweifel, dass sich auch Herr Maaßen daran halte.« Ende Mai 2021 erklärt Maaßen, seine Mitgliedschaft in der »Werte-Union« ruhen zu lassen, nachdem die den Börsenguru und erklärten AfD-Wähler Max Otte zum Vorsitzenden gewählt hatte. Unterdes publiziert Maaßen auch in dem Magazin Cato, das verlegerisch zur Jungen Freiheit gehört.

Mit dem 31.3.2021 war Redaktionsschluss dieses Buches. Was dem Manuskript danach unter der Druckvorbereitung noch anzufügen war, haben wir hier nachgetragen.

DANK

Dieses Buch wäre ohne die Mithilfe und Unterstützung vieler so nicht entstanden.

Zuallererst möchte und muss ich meiner Frau Gabi danken. Als erste Leserin hat sie mich ermuntert und korrigiert. Aber sie hat auch, und das ist noch wichtiger, über ein halbes Jahr hinweg meine wechselnde und im Regelfall eher schlechte Stimmung ertragen.

Dank gebührt unserer Agentin Barbara Wenner, die schnell die Idee erkannt und gefördert hat. Weiter hat sie Friedrich Küppersbusch und mich tatkräftig und pragmatisch unterstützt, wann immer es nötig war. Und ihr verdankt das Buch den wunderbar treffenden Titel »Anderswelt«.

Moritz Kirschner, unser Verleger und Lektor, hat entscheidend geholfen, die schwierige Frage, ob man »Anderswelt« nach Themen ordnet oder nach Chronologie, zu beantworten. Ihm verdanke ich spannende, weiterführende Gedanken und einen verständlichen und nachvollziehbaren Text.

Friedrich Küppersbusch möchte ich Danke sagen für sein immer offenes Ohr, seine klugen Kommentare und Anmerkungen und vor allem für seine Geduld, mein Gejammere zu ertragen.

Torben Kassler hat uns beide mit seinen Recherchen unterstützt und vorwärtsgebracht.

Knut Schaflinger und Hilmer Rolff, zwei langjährige Journalistenkollegen, haben mir mit ersten Einordnungen zur Idee und zum Anfangsentwurf weitergeholfen.

Vielen Dank auch an Hildegund Laaff, die die für mich wertvollste und beste Buchhandlung betreibt, und Robert HP Platz, die als geduldige und kritische Leser mich auch in schwierigen Phasen immer wieder bestärkt haben.

Und schließlich meine beiden Kinder Mona und Luca, die mir bei Fragen zum Digitalen sehr geholfen haben. Ihr und eure Generation seid meine wichtigste Zielgruppe.

QUELLENVERZEICHNIS

RISIKEN UND NEBENWIRKUNGEN

1. https://www.youtube.com/watch?v=3bLWvoC_MHE&t=45s
2. https://www.tichyseinblick.de/
3. https://www.finanzenverlag.de/inhalt/printmedien/tichys-ein blick.php
4. https://www.mmnews.de/
5. https://www.stern.de/politik/deutschland/afd-bei-landtagswahlen-die-wahrheit-ueber-die-kandidaten-6716914.html
6. https://kenfm.de/
7. https://www.focus.de/kultur/medien/aussagen-im-fakten-check-drei-millionen-menschen-sahen-es-doch-an-ken-jebsens-corona-video-ist-alles-falsch_id_11979155.html
8. https://telegram.org/faq#f-wo-ist-der-standort-von-telegram
9. https://www.compact-online.de/bundestag-sagt-ja-zur-umvolkung-saeuberungen-in-der-afd-die-woche-compact-video
10. https://www.spiegel.de/politik/deutschland/das-magazin-das-jetzt-auch-der-verfassungsschutz-liest-a-2dd9ac07-47bc-4461-9962-b9078274b925#
11. https://jungefreiheit.de/informationen/ueber-den-verlag/
12. Junge Freiheit, Ausgabe Nummer 36/20

VERSCHWÖRUNGSTHEORETIKER UND DIE MITTE DER GESELLSCHAFT FINDEN ZUEINANDER

1. Schmitz-Berning, C. (2000). *Vokabular des Nationalsozialismus* (Nachdr. der Ausg. von 1998). de Gruyter
2. Aus: Zuerst, deutsches Nachrichtenmagazin. Ausgabe August/September 2020
3. https://www.spiegel.de/politik/deutschland/berlin-gericht-kippt-verbot-von-demonstration-gegen-corona-politik-a-9dba0bee-78f7-4008-8678-22bb5d5d3367
4. https://www.tagesspiegel.de/berlin/streit-um-demonstration-in-

berlin-kundgebungen-gegen-corona-politik-duerfen-stattfinden/
26137262.html
5 https://www.tichyseinblick.de/meinungen/deutschland-2020-demo-gegen-merkel-regierung-wird-verboten/
6 https://www.amazon.de/Dushan-Wegner/e/B00459X2KC%3Fref=dbs_a_mng_rwt_scns_share
7 https://www.westendverlag.de/autoren/dushan_wegner/
8 https://de.wikipedia.org/wiki/Per_Anhalter_durch_die_Galaxis
9 https://www.tichyseinblick.de/video/5-vor-12/berlin-demo-durch-geisel-unabsagbar/
10 https://www.tichyseinblick.de/video/interview/murswiek-demokratieprinzip-nicht-verstanden/
11 https://www.sueddeutsche.de/politik/afd-dietrich-murswiek-verfassungsschutz-1.4196405
12 https://www.youtube.com/watch?v=sfVC-bDnZ5Y
13 https://www.achgut.com/autor/wendt
14 https://www.tichyseinblick.de/daili-es-sentials/unter-den-demonstranten-friedefreude-kaiserflagge/
15 https://www.berlin.de/polizei/polizeimeldungen/pressemitteilung.982681.php
16 https://www.youtube.com/watch?v=89J39g1ItWQ
17 https://www.youtube.com/watch?v=hjVQyd2IJEc
18 https://www.youtube.com/watch?v=z5UGsoz-_54
19 www.acu2020.org
20 https://www.dermatology.uni-kiel.de/pages/forschung/ag-reiss.php
21 https://www.goldegg-verlag.com/titel/corona-fehlalarm/
22 https://www.uni-kiel.de/de/coronavirus/details/news/corona-stellungnahmen-fehlalarm
23 https://studylibde.com/doc/2013845/sucharit-bhakdi-punyarataband-
24 https://www.br.de/nachrichten/wissen/bhakdis-brief-an-die-kanzlerin-was-ist-dran-an-seinen-fragen,RutYDhd
25 https://2020.goldenesbrett.guru/
26 https://www.spiegel.de/politik/ausland/robert-f-kennedy-jr-nach-anti-corona-demo-ich-habe-angela-merkel-nie-kritisiert-a-b1788c7e-ea28-4af0-9a7b-d1685dcdf092
27 https://de.wikipedia.org/wiki/Robert_Francis_Kennedy_junior
28 https://www.nytimes.com/2018/03/10/opinion/sunday/youtube-politics-radical.html
29 https://kenfm.de/kenfm-am-set-30-8-2020-michael-ballweg-zu-den-aktuellen-ereignissen-in-berlin/

30 https://www.swr.de/swraktuell/baden-wuerttemberg/ballweg-referenzen-homepage-100.html
31 https://netzpolitik.org/2020/querdenken-der-geschaeftige-herr-ballweg/
32 https://de.wikipedia.org/wiki/Thomas_Hornauer
33 https://kenfm.de/kenfm-am-set-30-08-20-berliner-polizei-setzt-senatsvorgaben-mit-gewalt-gegen-friedliche-buerger-um/
34 https://rpp-institut.org/ueber-rpp/
35 https://www.youtube.com/channel/UC0ABxG3_GwQSmJ8f8C04Q
36 https://www.derstandard.de/story/2000117703855/christliche-sexualpaedagogik-und-ihre-netzwerke
37 https://www.youtube.com/watch?v=nZ66vvMpc7A (Reupload)
38 https://www.tichyseinblick.de/daili-es-sentials/der-reichstag-wurde-nicht-erstuermt-sondern-von-drei-polizisten-bewacht/
39 https://kenfm.de/massiver-verfassungsbruch-von-tilo-graeser/
40 Wisnewski, G. (2021). *2021 – das andere Jahrbuch: Verheimlicht – vertuscht – vergessen: Was 2020 nicht in der Zeitung stand* (1. Auflage). Kopp
41 https://www.bitchute.com/video/YLzACfI2WSU4/
42 https://www.tagesspiegel.de/berlin/heilpraktikerin-aus-der-eifel-das-ist-die-frau-die-zum-sturm-auf-den-reichstag-rief/26142914.html
43 https://de.wikipedia.org/wiki/Thomas_W%C3%BCppesahl
44 https://www.spiegel.de/panorama/justiz/raubmord-urteil-wueppesahl-muss-fuer-viereinhalb-jahre-in-haft-a-364190.html
45 Butter, M. (2018). *»Nichts ist, wie es scheint«: Über Verschwörungstheorien* (Erste Auflage, Originalausgabe). Suhrkamp. S. 197
46 https://www.waz.de/staedte/duisburg/loveparade/fuer-eva-hermann-ist-loveparade-eine-orgie-id3405829.html
47 https://www.spiegel.de/wirtschaft/verschwoerungstheorien-der-kopp-verlag-macht-geschaefte-mit-der-angst-a-967704.html
48 https://www.faz.net/aktuell/politik/inland/kopp-verlag-profitiert-von-fluechtlingskrise-14890834.html
49 Butter, M. (2018). *»Nichts ist, wie es scheint«: Über Verschwörungstheorien* (Erste Auflage, Originalausgabe). Suhrkamp
50 https://kenfm.de/gates-kapert-deutschland/
51 https://kenfm.de/gates-kapert-deutschland/ oder https://www.youtube.com/watch?v=akm8M8pd890 (beides Reuploads)
52 https://correctiv.org/faktencheck/2020/05/08/grosse-verschwoerung-zum-coronavirus-wie-ken-jebsen-mit-falschen-behauptungen-stimmung-macht/
53 https://www.swr3.de/aktuell/fake-news-check/faktencheck-ken-jebsen-kenfm-bill-gates-corona-100.html

54 https://correctiv.org/faktencheck/2020/04/02/coronavirus-nicht-gefaehrlicher-als-grippe-warum-stefan-hockertz-behauptungen-in-die-irre-fuehren/
55 Bröckers, M. (2016). *Der Fall Ken Jebsen oder Wie Journalismus im Netz seine Unabhängigkeit zurückgewinnen kann: Der Macher von KenFM im Gespräch mit Mathias Bröckers*. Westend/Fifty-Fifty
56 https://de.wikipedia.org/wiki/Mathias_Br%C3%B6ckers
57 https://www.nachdenkseiten.de/?p=65111
58 https://web.archive.org/web/20141029193746/http://www.wdr.de/tv/civis/02wettbewerbe07_06.phtml
59 https://de.wikipedia.org/wiki/Ken_Jebsen#Rundfunkmoderator_(1987%E2%80%932011)
60 https://www.neues-deutschland.de/artikel/1073322.antisemitismus-bei-ken-jebsen-jebsen-entmuendigt-sein-publikum.html
61 https://www.youtube.com/watch?v=P0iLAxiHNKc
62 https://podcasts.apple.com/de/podcast/ken-jebsen-privat-liebe-hat-keine-angst-teil-2-2/id1482538877?i=1000471090130
63 Roose, J. (2020). *Sie sind überall – Eine repräsentative Umfrage zu Verschwörungstheorien*. Berlin, Herausgegeben von der Konrad Adenauer Stiftung
64 Roose, J. (2020). *Sie sind überall – Eine repräsentative Umfrage zu Verschwörungstheorien*. Berlin, Herausgegeben von der Konrad Adenauer Stiftung
65 *Elsässer das Beste aus 10 Jahren COMPACT*. (2020). S. 66
66 Tichys Einblick Ausgabe 10/2020, Seite 11
67 https://www.merkur.de/politik/tichy-dorothee-baer-chebli-ludwig-erhard-stiftung-sexistisch-eklat-berlin-csu-spd-folgen-zr-90052159.html
68 Meedia Magazin, Ausgabe 43/44 2020
69 https://meedia.de/2020/10/19/roland-tichy-ich-bin-immer-dagegen/
70 https://meedia.de/2020/10/19/roland-tichy-ich-bin-immer-dagegen/
71 https://www.zeit.de/2017/06/roland-tichy-tichys-einblick-meinungsportal-einwanderungspolitik
72 https://www.augsburger-allgemeine.de/politik/Kuenast-und-Roth-Manches-geht-nicht-spurlos-an-dir-vorbei-id55752401.html
73 https://www.augsburger-allgemeine.de/politik/Erfolg-fuer-Claudia-Roth-im-Rechtsstreit-mit-Roland-Tichy-id56817706.html

DIE REALITÄT WIRD AUSGEBLENDET;
WENN SIE NICHT INS DENKEN PASST

1 https://jungefreiheit.de/debatte/interview/2020/muesste-volk-auf schreien/
2 Hahne, P. (2007). *Schluss mit lustig! Das Ende der Spaßgesellschaft* (79. Aufl). Johannis
3 https://jungefreiheit.de/debatte/kommentar/2020/medien-betreu te-oeffentlichkeit/
4 http://die-andere-sicht.de/2020/12/21/ich-wuensche-mir/
5 http://www.pi-news.net/2020/12/brief-ans-christind/
6 https://twitter.com/mmatussek/status/1346671712629366785
7 https://www.mmnews.de/wirtschaft/152921-top-oekonomen-warn en-vor-neuem-lockdown
8 https://www.mmnews.de/politik/153028-corona-und-der-polizeis taat
9 Junge Freiheit, Nr. 45/20 vom 30.Oktober 2020
10 Junge Freiheit, Nr. 45/20 Seite neun »Versprochen und gehalten«.
11 https://www.FreieWelt.net/Impressum
12 https://www.freiewelt.net/nachricht/rassismus-das-neue-kampfm ittel-der-kulturmarxisten-10081729/
13 https://www.freiewelt.net/nachricht/deutschland-ist-spitzenreiter-im-gutmenschentum-10079774/
14 https://www.freiewelt.net/nachricht/wir-haben-die-unfaehigsten-politiker-die-je-in-amt-und-wuerden-waren-10079571/
15 https://www.freiewelt.net/nachricht/die-herrschaft-der-unfaehig en-ein-parteiensystem-am-ende-10078462/
16 https://www.youtube.com/watch?v=3bLWvoC_MHE&t=45s
17 https://www.zdf.de/nachrichten/politik/bannon-vor-gericht-100. html
18 https://www.handelsblatt.com/politik/international/betrugsank lage-ex-trump-berater-bannon-einigt-sich-mit-gericht-auf-kaution-und-muss-nicht-in-u-haft/26115162.html
19 https://trumpwhitehouse.archives.gov/briefings-statements/state ment-press-secretary-regarding-executive-grants-clemency-0120 21/
20 https://www.nordbayern.de/panorama/qanon-von-trump-gefolter ten-kindern-und-dem-deep-state-1.10278576
21 https://www.businessinsider.de/wissenschaft/biowaffen-5g-mast en-und-ein-geheimer-deep-state-der-die-usa-regiert-diese-corona-verschwoerungstheorien-kursieren-gerade-im-netz/
22 https://rp-online.de/panorama/humbug-verschwoerungstheorien-untersucht/humbug-wieso-menschen-weiterhin-an-die-verschwoe rungstheorie-pizzagate-glauben_aid-54255377

23 https://www.zivileallianz.de/
24 Compact Ausgabe 11/2020
25 https://taz.de/Extremismusvorwürfe-gegen-Hoecke/!5574590
26 Lang, J. P. (2016). Biographisches Porträt: Jürgen Elsässer. In *Jahrbuch Extremismus & Demokratie (E & D)* (S. 225–240). Nomos Verlagsgesellschaft mbH & Co. KG. https://doi.org/10.5771/9783845279305-225
27 https://www.petrapau.de/linke/dok/061013_an_wossi-ping-pong.htm
28 https://www.welt.de/politik/article3039995/Linker-Publizist-von-der-NPD-fuer-Volksfront-gelobt.html
29 Bauer, K., & Fiedler, M. (2021). Die Methode AfD: Der Kampf der Rechten: Im Parlament, auf der Straße – und gegen sich selbst (1. Aufl. 2021 edition). Klett-Cotta. S. 66
30 https://www.welt.de/print/die_welt/politik/article133755336/Die-AfD-als-Plattform-fuer-Wirrkoepfe.html
31 https://www.zeit.de/gesellschaft/2014-04/montagsdemo-mahnwache-frieden-berlin/komplettansicht
32 Schilk, F. (2019). *Der Zornunternehmer. Das COMPACT-Magazin als Scharnierbaustein im rechten Mosaik*. In: KultuRRevolution – Zeitschrift für angewandte diskurstheorie, Heft 77. K-West
33 https://www.focus.de/kultur/michael-wendler-wie-er-sich-ohne-einnahmen-finanziell-ueber-wasser-haelt_id_12522083.html
34 https://www.youtube.com/watch?v=W7mtLKHY010
35 Nocun, K., & Lamberty, P. (2020). *Fake Facts: Wie Verschwörungstheorien unser Denken bestimmen* (1. Auflage 2020). Quadriga. S.61f
36 Compact Ausgabe 11/2020, Seite 10-13
37 https://www.documentcloud.org/documents/7013152-Preventing-a-Disrupted-Presidential-Election-and.html#document/p1
38 https://twitter.com/dpfoehringer
39 https://www.nbcnews.com/meet-the-press/meet-press-01-22-17-n710491
40 Orwell, G., (2013). *1984* (36. Aufl.). Ullstein
41 Hennepin County Medical Examiners Office Autopsy Report, ME NO.: 20-3700
42 https://abcnews.go.com/US/independent-autopsy-george-floyd-findings-announced/story?id=70994827
43 Compact Ausgabe 11/2020, Seite 13
44 Compact Ausgabe 11/2020 Pulverfass USA S. 15
45 https://www.nytimes.com/2020/09/30/us/deonte-murray-deputies-shooting.html
46 https://abcnews.go.com/US/suspect-arrested-ambush-shooting-la-sheriffs-deputies/story?id=73344768
47 https://www.breitbart.com/politics/2020/09/15/watch-black-lives-

matter-protesters-wish-death-on-wounded-l-a-sheriffs-deputies-i-hope-they-fing-die/
48 https://apollo-news.net/
49 https://www.tichyseinblick.de/kolumnen/die-mehrheit-der-amerikaner-glaubt-dass-trump-heute-wiedergewaehlt-wird/
50 https://www.compact-online.de/dschihad-in-wien-fuenf-lehren-aus-der-terror-nacht/
51 https://www.mmnews.de/politik/154031-us-wahl-live
52 https://www.youtube.com/watch?v=RtFwBnd3FBU
53 https://www.morgenpost.de/berlin/article139771028/Retter-privater-Rechner-muessen-diskret-arbeiten.html
54 http://www.de-integro.de/ueber-uns/
55 https://www.youtube.com/watch?v=_XooiHCJamI
56 https://www.xing.com/profile/Elijah_Tee/cv
57 https://www.facebook.com/elijah.tee.eu/about
58 https://www.wildstyle-network.com/career
59 https://www.youtube.com/watch?v=ME9T2cKQGls
und: https://www.sueddeutsche.de/bayern/afd-bayern-kz-gedenkstaette-mauthausen-bauer-1.5229320
60 https://bluehawaii.de/skippers-login/
61 www.oliverjanich.de
62 https://www.theguardian.com/us-news/2019/apr/22/us-voting-machine-private-companies-voter-registration
63 https://www.nytimes.com/2020/11/11/technology/no-dominion-voting-machines-did-not-delete-trump-votes.html
64 https://www.oliverjanich.de/wurden-merkel-kritiker-oppermann-ohoven-ermordet-terror-in-wien
65 https://www.richardhoudershell.com/de/home,
66 https://rechtemedieninfo.blogspot.com/2020/08/richard-houdershell-aka-rick-wegner.html
67 https://www.imdb.com/name/nm3146533/
68 http://www.bernhard-baron-boneberg.de
69 https://www.breitbart.com/law-and-order/2020/11/03/watch-fight-breaks-out-in-blm-park-in-dc/
70 https://www.bpb.de/politik/extremismus/rechtsextremismus/239620/der-rechte-rand-publikationen
71 https://www.zeit.de/campus/2017/05/rechtradikalismus-martin-sellner-instagram/komplettansicht
72 https://www.derstandard.de/story/2000100472277/martin-sellner-der-rechtsextreme-influencer-unter-terrorverdacht
73 https://www.derstandard.de/story/2000100211871/hausdurchsuchung-bei-identitaeren-sprecher-sellner-nach-terror-in-neuseeland
74 https://www.tagesspiegel.de/gesellschaft/medien/accounts-von-

martin-sellner-gesperrt-youtube-und-twitter-gehen-gegen-identitaere-bewegung-vor/26004266.html
75 https://www.nytimes.com/2020/08/27/us/kyle-rittenhouse-kenosha-shooting-video.html
76 https://www.tichyseinblick.de/meinungen/die-deutschen-medien-zur-us-wahl-hoffen-leiden-verzweifeln/
77 https://kenfm.de/amerika-verliert-die-wahl-deutschland-gewinnt-freie-printpresse-von-anselm-lenz/
78 https://www.anselmlenz.de/
79 Demokratischer Widerstand, Ausgabe 20
80 https://jungefreiheit.de/debatte/kommentar/2020/250417/
81 https://www.tichyseinblick.de/feuilleton/bei-illner-der-moechtegerntrump-gegen-trump/
82 https://www.tagesschau.de/newsticker/uswahl2020-liveblog-105.html#Biden-ruft-US-Buerger-zur-Einigkeit-auf
83 https://www.tagesschau.de/ausland/uswahl2020/trump-pressekonferenz-141.html
84 https://www.spiegel.de/politik/ausland/us-wahl-2020-joe-biden-geht-in-georgia-in-fuehrung-a-96ca21d6-0f5a-47cb-8d2b-da2d77c8e48b
85 https://www.spiegel.de/politik/ausland/us-wahl-2020-im-live-ticker-weisses-haus-baut-neuen-zaun-und-laedt-party-gaeste-aus-a-14169116-713b-483d-b35e-4c561dfd30aa
86 https://www.spiegel.de/politik/ausland/um-donald-trump-wird-es-einsam-a-4226a00e-6602-4749-bd30-bcb26e4c9451
87 https://www.spiegel.de/netzwelt/web/twitter-loescht-konto-von-steve-bannon-a-be138e50-39ec-4930-9ac3-903495b24a2f
88 https://www.sueddeutsche.de/politik/us-wahl-2020-live-biden-trump-corona-merkel-1.5101638?utm_source=Twitter&utm_campaign=twitterbot
89 https://www.sueddeutsche.de/politik/usa-donald-trump-rede-wahlbetrug-1.5106628
90 https://www.sueddeutsche.de/politik/us-wahl-trump-wahlsystem-osze-1.5106209
91 https://www.n-tv.de/politik/US-wahl-2020/23-50-Gewaehlter-Praesident-Twitter-markiert-Pro-Biden-Post-mit-Warnung—article22152913.html
92 hhttps://www.n-tv.de/politik/Twitter-sperrt-Bannon-wegen-Mordfantasien-article22151903.html
93 https://www.tichyseinblick.de/kolumnen/spahns-spitzwege/das-phaenomen-trump-und-der-jubel-der-modernisten/
94 http://www.pi-news.net/2020/11/warum-donald-trump-auf-jeden-fall-der-gewinner-ist/?print=print

95 https://kenfm.de/washingtons-mogelpackung-der-unverzichtbare-leuchtturm-von-rainer-rupp/
96 https://www.tichyseinblick.de/tichys-einblick/joe-biden-medial-zum-president-elect-ausgerufen-was-sich-aendert-und-was-bleibt/
97 Original-Quelle: https://www.matthias-matussek.de/tagebuch-5-november-2020-die-kugel-rollt-ueber-trumps-triumph-schon-jetzt/
98 Gauster, H. (2000). *Schreib das auf! Egon Erwin Kisch-Preis 2000: Die besten deutschsprachigen Reportagen*. Aufbau-Verlag. https://archive.org/details/isbn_3351026978
99 https://www.morgenpost.de/printarchiv/kultur/article103349377/Spiegel-Matussek-geht-als-Kulturchef.html
100 https://www.spiegel.de/kultur/gesellschaft/matussek-nach-facebook-eintrag-als-welt-autor-gefeuert-a-1063232.html
101 https://www.fr.de/meinung/offen-basis-ariernachweises-11081508.html
102 https://www.aachener-zeitung.de/lokales/nordkreis/herzogenrath/matthias-matussek-zu-gast-bei-den-montagsgespraechen-in-herzogenrath_aid-38487273
103 https://www.erklaerung2018.de/
104 https://www.abendblatt.de/hamburg/hamburg-mitte/article213767751/Matussek-eifert-Seehofer-bei-Anti-Merkel-Demo-nach.html
105 http://www.pi-news.net/2020/11/systematischer-wahlbetrug-durch-auszaehlungssoftware-dominion/
106 https://www.breitbart.com/politics/2020/11/07/software-that-glitched-in-mi-ga-incorrectly-gave-biden-1000s-of-votes-used-in-28-states/
107 https://www.mmnews.de/politik/154313-donald-trump-der-sturz-der-letzten-bastion
108 https://www.tichyseinblick.de/meinungen/die-demonstrative-gleichgueltigkeit-gegenueber-wahlunregelmaessigkeiten-ist-bemerkenswert/
109 https://jungefreiheit.de/debatte/kommentar/2020/joe-biden-der-sumpf-ist-zurueck/
110 https://www.tichyseinblick.de/kolumnen/spahns-spitzwege/trump-oder-biden-bei-jedem-us-praesidenten-gilt-america-first/
111 Tichys Einblick, Ausgabe 12/2020
112 https://www.compact-online.de/morgen-ab-9-uhr-compact-tv-berichtet-live-vom-protest-gegen-das-ermaechtigungsgesetz/?mc_cid=f5552420c&mc_eid=8e1f11f80e
113 https://www.youtube.com/watch?v=eoNZSpQWfZM
114 https://correctiv.org/faktencheck/hintergrund/2020/02/21/gesucht-influencerin-jung-rechts/

115 https://www.youtube.com/watch?v=csZxqFsGfgg
116 https://www.rbb24.de/politik/thema/2020/coronavirus/beitraege_neu/2020/11/demonstrationen-corona-gegner-bundestag-infektionsschutz gesetz.html
117 https://www.berlin.de/polizei/polizeimeldungen/pressemitteilung.1020245.php
118 https://www.youtube.com/results?search_query=epoch+times
119 https://www.epochtimes.de/epoch-times/epoch-times-epochtimes-a4717.html
120 https://de.wikipedia.org/wiki/Epoch_Times
121 https://www.zeit.de/2017/38/digitale-kommunikation-wahlkampf-internet-debatte
122 https://www.epochtimes.de/politik/deutschland/livestream-berliner-demos-am-18-11-200-personen-vorlaeufig-festgenommen-a3382625.html
123 https://www.youtube.com/watch?v=M-8L5Guwxd0 (Kanal inzwischen gelöscht)
124 https://www.zeit.de/politik/deutschland/2018-01/armin-paul-hampel-afd-niedersachsen-absetzung
125 https://www.kreiszeitung.de/lokales/verden/verden-ort47274/angst-wahlkampf-gepraegt-8124541.html
126 https://www.youtube.com/watch?v=3HtIvLrqhGU (Kanal inzwischen gelöscht)
127 https://www.tagesspiegel.de/berlin/berliner-polizeipraesidentin-zum-corona-protest-potenzial-und-brutalitaet-der-gewalt-waren-immens/ 26641074.html
128 https://www.berlin.de/polizei/polizeimeldungen/pressemitteilung.1020245.php
129 Bibliographisches Institut & F.A. Brockhaus AG und Altes Testament, 2. Mose 20,2-17; 5. Mose 5,6-2
130 https://www.youtube.com/watch?v=phinBFKYDe0
131 https://www.youtube.com/watch?v=jJzl0VidwVQ
132 https://twitter.com/HeikoMaas/status/1330460397032366082
133 https://www.tichyseinblick.de/daili-es-sentials/wenn-menschen-sich-fuer-helden-halten/
134 https://www.focus.de/magazin/archiv/debatte-liebe-linke_aid_574337.html
135 https://www.youtube.com/watch?v=j5ckotm-9GQ
136 https://www.mmnews.de/wirtschaft/155965-wahlbetrug-und-wahlmanipulation-in-den-usa
137 https://www.mmnews.de/wirtschaft/155905-markus-krall-staatsbankrott-rueckt-naeher
138 https://www.mmnews.de/politik/155797-lockdown-fuer-immer

139 https://www.youtube.com/watch?v=Np6gBU3H1BU
140 https://edition.cnn.com/2020/05/08/media/one-america-news-trump/index.html
141 https://twitter.com/realdonaldtrump/status/1333875814585282567?lang=de
142 https://www.refinery29.com/en-us/2020/12/10207802/jesse-morgan-usps-truck-driver-missing-ballots-ghosts
143 https://www.amazon.com/Shadows-Amongst-Us-Dustin-Morgan/dp/B083GJM2F8
144 https://www.mimikama.at/aktuelles/serverfarmen/
145 https://www.bitchute.com/video/kyurMa9IyJsf
146 https://www.pravda-tv.com/2020/11/trumps-verdeckter-krieg-gegen-den-tiefen-staat-auf-der-ganzen-welt-feuergefecht-in-frankfurt/
147 https://www.pravda-tv.com/?s=Impressum
148 https://www.spiegel.de/politik/deutschland/corona-pandemie-angela-merkel-haelt-im-bundestag-eine-emotionale-rede-a-8d81fb7b-8190-4d92-82e9-fd1da13eff60
149 https://www.bild.de/politik/kolumnen/franz-josef-wagner/post-von-wagner-liebe-kanzlerin-angela-merkel-71631604.bild.html
150 https://www.bild.de/politik/kolumnen/franz-josef-wagner/post-von-wagner-liebe-emotionale-kanzlerin-74393454.bild.html
151 Compact-Newsletter vom 10.12.
152 https://www.compact-online.de/knallhart-lockdown-ab-mittwoch-silvester-ohne-boeller-willkommen-in-der-corona-diktatur-2021/
153 https://www.tichyseinblick.de/tichys-einblick/corona-politik-immer-haerter-und-immer-hilfloser/
154 https://www.handelsblatt.com/meinung/gastbeitraege/gastkommentar-wir-sollten-pruefen-ob-impfverweigerer-den-versicherungsschutz-bei-einer-corona-erkrankung-verlieren/26717742.html?ticket=ST-25565197-SxSNfX5loMOJhvCab9De-ap1
155 https://www.rki.de/DE/Content/InfAZ/N/Neuartiges_Coronavirus/Situationsberichte/Dez_2020/2020-12-14-de.html
156 https://www.mmnews.de/vermischtes/156589-studie-keine-hoehere-krankenhausbelegung-keine-hoehere-sterblichkeit-2020
157 https://www.initiative-qualitaetsmedizin.de/aktuelles-termine
158 https://www.mmnews.de/politik/156924-rki-meldet-24-740-neuinfektionen-rekordhoch-bei-todesfaellen
159 https://zittau.de/de/node/289343
160 https://www.rki.de/DE/Content/InfAZ/N/Neuartiges_Coronavirus/Situationsberichte/Dez_2020/2020-12-28-de.html
161 http://www.pi-news.net/2020/12/heute-ist-stichtag-in-deutschland/?utm_source=rss&utm_medium=rss&utm_campaign=heute-ist-stichtag-in-deutschland

162 https://de.wikipedia.org/wiki/Politically_Incorrect
163 https://www.vice.com/de/article/mb85bq/walter-luebcke-tot-so-hasserfullt-war-die-rechtsextreme-kampagne-gegen-erschossenen-cdu-politiker
164 http://www.pi-news.net/2020/12/das-power-dreieck-die-querdenker-die-afd-und-die-alternativen-medien/
165 https://www.zeit.de/politik/ausland/2019-05/oesterreich-neuwahlen-sollen-anfang-september-stattfinden
166 https://www.tichyseinblick.de/kolumnen/alexander-wallasch-heute/medikament-gegen-corona/
167 https://www.tu-braunschweig.de/bbt/biotech/corat-corona-antibody-team
168 https://reitschuster.de/post/auch-nach-impfung-aeltere-menschen-oft-nicht-geschuetzt/
169 https://reitschuster.de/post/viel-mehr-selbstmorde-als-covid-19-tote/
170 https://reitschuster.de/post/ist-die-amtlich-verordnete-panik-uebertrieben/
171 https://reitschuster.de/post/man-will-uns-die-immunitaet-aberkennen/
172 https://reitschuster.de/post/lockdown-auch-fuers-klima/
173 https://reitschuster.de/post/tv-impf-aktion-entwuerdigend-und-zutiefst-inhuman/
174 https://reitschuster.de/post/covid-19-infektion-bei-zwei-dritteln-der-toten-wegdenkbar/
175 https://twitter.com/shomburg/status/1341435817995030529?lang=de
176 https://reitschuster.de/post/covid-19-infektion-bei-zwei-dritteln-der-toten-wegdenkbar/
177 https://reitschuster.de/post/focus-gruender-markwort-stoppt-soeder/
178 https://www.youtube.com/watch?v=Vy-VuSR0NPQ&t=2s
179 https://www.sueddeutsche.de/wirtschaft/corona-verschwoerung-stefan-homburg-1.4906380
180 https://www.uni-hannover.de/de/universitaet/aktuelles/online-aktuell/details/news/gemeinsame-stellungnahme-des-senates-des-praesidiums-und-des-hochschulrates-der-gottfried-wilhelm-le/

ZWEIERLEI MASS, DAS PRINZIP DER ANDERSWELT

1 https://www.tichyseinblick.de/daili-es-sentials/dokumentation-sil vesternacht-koeln/
2 https://www.ksta.de/koeln/henriette-reker-zur-silvesternacht--habe-viel-zu-kuehl-und-spaet-reagiert--24277062?cb=16259966 60047
3 https://www.dw.com/de/f%C3%BCnf-jahre-danach-lehren-aus-der-k%C3%B6lner-silvesternacht/a-55980209
4 https://www.land.nrw/de/node/15896/
5 zitiert nach Süddeutsche Zeitung vom 7. Januar: https://www.sueddeutsche.de/medien/uebergriffe-an-silvester-warum-die-medien-so-spaet-ueber-koeln-berichteten-1.2808386
6 https://www.facebook.com/ZDFheute/posts/10153865883565680:0
7 https://www.bpb.de/apuz/239696/die-silvesternacht-und-ihre-folgen
8 https://www.bild.de/news/inland/silvester/das-geheime-polizeiprotokoll-44048000.bild.html
9 https://www.spiegel.de/panorama/justiz/koeln-das-steht-im-internen-polizeibericht-zur-silvesternacht-a-1070837.html
10 Schultz, T. Nikolaus, J. Ziegele, M. Quiring, O. Schemer, C. (2017). Erosion des Vertrauens zwischen Medien und Publikum?, in Media Perspektiven, 5/2017, S. 246-259.
11 http://www.unwortdesjahres.net/fileadmin/unwort/download/pressemitteilung_unwort2014.pdf
12 Lilienthal, V., & Neverla, I. (Hrsg.). (2017). *Lügenpresse: Anatomie eines politischen Kampfbegriffs* (1. Auflage). Kiepenheuer & Witsch
13 Kunkel, T. (2020). *Das Wörterbuch der Lügenpresse: Deutsch-Lügenpresse, Lügenpresse-Deutsch*. Kopp
14 Ulfkotte, U. K. (2017). *Gekaufte Journalisten: Wie Politiker, Geheimdienste und Hochfinanz Deutschlands Massenmedien lenken* (8. Auflage). Kopp
15 Denk, P. (2015). *Lügenpresse* (1. Auflage). J.K. Fischer
16 https://www.amazon.de/Peter-Denk/e/B00J64FZFQ?ref_=dbs_p_pbk_r00_abau_000000
17 https://www.spiegel.de/wirtschaft/verschwoerungstheorien-der-kopp-verlag-macht-geschaefte-mit-der-angst-a-967704.html
18 https://www.faz.net/aktuell/wirtschaft/afd-sympathisant-und-bestseller-autor-thorsten-schulte-15284479.html
19 https://www.amazon.de/Heiko-Schrang/e/B00J20293K%3Fref=dbs_a_mng_rwt_scns_share
20 https://www.deutschlandfunk.de/bundestagswahl-und-internet-welchen-einfluss-haben-fake.2907.de.html?dram:article_id=396423
21 https://www.focus.de/politik/deutschland/unterschaetzte-gefahr-

rechte-esoteriker-verbreiten-antisemitismus-im-internet_id_115743
97.html
22. https://www.welt.de/finanzen/article135044739/Geheime-Maechte-steuern-die-Welt-Echt-Wahnsinn.html
23. https://blog.zeit.de/stoerungsmelder/2020/04/01/neonazis-und-corona-zwischen-verschwoerungstheorien-und-nachbarschaftshilfe_29686
24. https://www.heikoschrang.de/de/statements/
25. Schrang, H. (2012). *Die Jahrhundertlüge, die nur Insider kennen*. Machtsteuert-Wissen
26. http://www.stern.de/panorama/gesellschaft/eva-herman-schreibt-gewagten-aufsatz-ueber-die-fluechtlingskrise-6427244.html
27. Paulsen, P. (2018). *Deutschland außer Rand und Band: Zwischen Werteverfall, Political (In)Correctness und illegaler Migration*. Machtsteuert-Wissen
28. https://www.buchreport.de/bestseller/buch/isbn/9783945780329.htm/
29. Butter, M. (2018). *»Nichts ist, wie es scheint«: Über Verschwörungstheorien* (Erste Auflage, Originalausgabe). Suhrkamp, S. 85
30. Wippermann, W. (2007). *Agenten des Bösen: Verschwörungstheorien von Luther bis heute*. be.bra-Verl. S. 130–140
31. Ulfkotte, U. K. (2003). *Der Krieg in unseren Städten: Wie radikale Islamisten Deutschland unterwandern*. Eichborn
32. Ulfkotte, U. (2014). *Vorsicht Bürgerkrieg! Was lange gärt, wird endlich Wut* (7. Aufl). Kopp
33. Ulfkotte, U., Ulfkotte, D., & Kositza, E. (2019). *Alles Einzelfälle: Massenmigration und Sexualdelikte* (1. Auflage). Antaios
34. https://www.deutschlandfunk.de/sachbuecher-kritischer-blick-auf-die-spiegel-bestsellerliste.700.de.html?dram:article_id=303981
35. https://www.spiegel.de/panorama/gesellschaft/geheimes-doppelleben-der-polizist-der-hooligan-war-a-679849.html
36. https://www.youtube.com/watch?v=JbE-GihD_-4
37. Kellner, T. (2019). *Die Rettung Deutschlands. Visionen eines Neuanfangs*. Eigenverlag
38. https://www.youtube.com/watch?v=AkXPD92Fg2c
39. https://www.youtube.com/watch?v=qzrjV5ydKd8
40. https://www.youtube.com/watch?v=ckrXwnc6pgQ
41. https://www.youtube.com/watch?v=SveL9dzd0kw
42. https://www.youtube.com/watch?v=RqZlOcmCVFw
43. Kunkel, T. L. (2004). *Endstufe: Roman*. Eichborn
44. https://www.spiegel.de/kultur/literatur/protokoll-eines-literaturskandals-wie-sich-thor-kunkel-um-kopf-und-hintern-redete-a-296007.html

45 Zuerst, 11. Jahrgang. August/September 2020, S.90
46 https://www.monmouth.edu/polling-institute/reports/monmouth poll_us_040218/
47 Tichys Einblick-Ausgabe 9/2020
48 Alexander Wendt in: Tichys Einblick 9/2020, Seite 18
49 Junge Freiheit, Ausgabe 53/20
50 https://twitter.com/bka/status/1244938778374025218
51 https://www.zeit.de/thema/rechtsextremismus
52 https://jungefreiheit.de/wirtschaft/2020/knorr-benennt/
53 Stefan Kaiser: *Verschwörungstheorien: Das Geschäft mit der Angst*. In: *Spiegel Online*, 22. Mai 2014. Der Beitrag ist verändert abgedruckt in: Christian Rickens (Hrsg.): *Das Glühbirnenkomplott. Die spektakulärsten Verschwörungstheorien – und was an ihnen dran ist*. Kiepenheuer & Witsch, Köln 2014, Kapitel »Das Geschäft mit der Angst: Wie der Kopp-Verlag Verschwörungstheorien zum Geschäftsmodell machte«, S. 165–170.
54 Hans Rauscher: *Der große Meinungskrieg im Internet*. In: *Der Standard*, 9. März 2015
55 Wisnewski, G. (2021). *2021 – das andere Jahrbuch: Verheimlicht – vertuscht – vergessen: was 2020 nicht in der Zeitung stand* (1. Auflage). Kopp
56 https://www.youtube.com/watch?v=PnELUYvYmrI
57 Junge Freiheit 36/20, Seite 1
58 https://www.zeit.de/wirtschaft/2019-09/fluechtlinge-syrer-hartz-iv
59 https://statistik.arbeitsagentur.de/SiteGlobals/Forms/Suche/Einelheftsuche_Formular.html?nn=1479694&topic_f=migrationsmonitor
60 https://www.bamf.de/SharedDocs/Anlagen/DE/Statistik/SchluesselzahlenAsyl/flyer-schluesselzahlen-asyl-2020.pdf;jsessionid=587A19DB48131288B4826187CF7DED6B.internet562?_blob=publicationFile&v=3
61 https://de.statista.com/statistik/daten/studie/507940/umfrage/kosten-der-fluechtlingshilfe-in-deutschland/
62 https://de.statista.com/statistik/daten/studie/665598/umfrage/kosten-des-bundes-in-deutschland-durch-die-fluechtlingskrise/
63 https://www.bka.de/DE/AktuelleInformationen/StatistikenLagebilder/Lagebilder/KriminalitaetImKontextVonZuwanderung/KriminalitaetImKontextVonZuwanderung_node.html
64 https://www.zeit.de/2017/41/cdu-sachsen-kurt-biedenkopf-wahlergebnis/seite-4
65 https://www.youtube.com/watch?v=1laEvBOR3gs
66 Deutsche Stimme, Ausgabe Dezember 2020, S.24
67 https://jungefreiheit.de/politik/deutschland/2020/asylunterkunft-suhl-polizei-migranten/

68 http://www.pi-news.net/2020/09/willkommen-in-deutschland-ihr-brandstifter-von-moria
69 https://www.nzz.ch/international/das-fluechtlingslager-moria-steht-in-flammen-was-wir-wissen-und-was-noch-unklar-ist-ld.1575717#subtitle-war-es-brandstiftung-second
70 https://petitionfuerdemokratie.de/nein-zur-fluechtlingsaufnahme-aus-moria/
71 http://www.pi-news.net/2021/01/jetzt-live-donald-trump-auf-save-america-rally-in-washington/
72 https://jungefreiheit.de/politik/ausland/2021/anhaenger-stuermen-kapitol-trumps-eigenes-kabinett-erwaegt-seine-absetzung/
73 https://www.tichyseinblick.de/kolumnen/aus-aller-welt/trumps-unwuerdiger-abgang/
74 https://www.tichyseinblick.de/autoren/rainer-zitelmann/
75 Junge Freiheit, Juli/August 1993
76 https://de.wikipedia.org/wiki/Rainer_Zitelmann
77 Zitelmann, R., & Falter, J. W. (2017). *Hitler. Selbstverständnis eines Revolutionärs* (5. erweiterte Neuauflage). Lau Verlag.
78 https://www.welt.de/print/die_welt/wirtschaft/article162760567/Zur-Person-Rainer-Zitelmann.html
79 https://taz.de/!1533243/
80 https://portal.dnb.de/opac.htm?method=simpleSearch&query=119505541
81 https://de.statista.com/statistik/daten/studie/1103602/umfrage/entwicklung-der-fallzahlen-des-coronavirus-in-den-usa/
82 https://www.tichyseinblick.de/kolumnen/aus-aller-welt/trumps-unwuerdiger-abgang/
83 http://www.wehrmacht-lexikon.de/heer/dienstgradabzeichen/verbaende/rangabzeichen.php
84 https://www.compact-online.de/zitat-des-tages-heiko-maas-capitol-besetzer-sind-wie-querdenker-bei-reichstagstuermung/
85 https://www.compact-online.de/washington-die-revolution-zur-rettung-der-demokratie-ist-gescheitert/?cookie-state-change=1610206490596&fbclid=IwAR1G_iksG13wGQ7sFnc1gL9Q0ypqcPeCQGGK5rCBGmmxTqBOnC8hiot-PvU
86 https://www.swr.de/swr2/leben-und-gesellschaft/qanon-wie-die-verbreitung-in-deutschland-funktioniert-100.html
87 https://www.deutschlandfunk.de/phaenomen-qanon-verschwoerung-als-grosses-spiel.691.de.html?dram:article_id=495535
88 www.compact-online.de/washington-die-revolution-zur-rettung-der-demokratie-ist-gescheitert/
89 https://www.verfassungsschutz.de/de/oeffentlichkeitsarbeit/vortraege/eingangsstatement-p-20200312-pressekonferenz-zum-stand-

der-bekaempfung-des-rechtsextremismus
90 § 4 Abs. 1 Satz 3 Bundesverfassungsschutzgesetz
91 https://www.tichyseinblick.de/daili-es-sentials/interview-jana-schimke/
92 https://www.compact-online.de/compact-magazin-12-2018-editorial-und-inhalt/
93 https://www.compact-online.de/laschet-gewaehlt-die-cdu-bleibt-schwul/?cookie-state-change=1621511178552107
94 https://www.tichyseinblick.de/meinungen/biden-spricht-von-vereinigung-waehrend-parteifreunde-zum-innerstaatlichen-krieg-aufrufen/
95 https://www.youtube.com/watch?v=gy3url8jACA
96 https://www.youtube.com/watch?v=hZoeEX0MLfY
97 https://www.finanzen.net/index/dax/charttool
98 www.erfolgs-anleger.de
99 https://www.finanzen.net/konjunktur/us-arbeitsmarktdaten
100 https://pro.erfolgs-anleger.de/p/20200616SIGSTDSTART2/WSIGW602/?h=true

© Verlag Antje Kunstmann GmbH, München 2021
Umschlaggestaltung: Heidi Sorg und Christof Leistl
Typographie und Satz: frese-werkstatt.de
Druck und Bindung: CPI – Clausen und Bosse, Leck
ISBN 978-3-95614-458-5